Frédéric Pichon

Reise zu den Christen des Orients

Frédéric Pichon

Reise zu den Christen des Orients

Sankt Ulrich Verlag

Originaltitel: Voyage chez les chrétiens d'Orient

Übersetzt von Gabriele Stein

Meiner kleinen Marie

„Reisen ist ganz nützlich,
es bringt die Phantasie ans Arbeiten."

Louis-Ferdinand Céline, *Reise ans Ende der Nacht*

Bibliographische Information der Deutschen Bibliothek

Die Deutsche Bibliothek verzeichnet diese Publikation in der Deutschen Nationalbibliographie; detaillierte bibliographische Daten sind im Internet über http://dnb.ddb.de abrufbar.

Titelbild: Frédéric Pichon; © Ed Kashi / Corbis
Umschlaggestaltung: uv media werbeagentur
Mediengruppe Sankt Ulrich Verlag, Augsburg
Druck und Bindung: Ludwig Auer GmbH, Donauwörth
Printed in Germany
ISBN: 978-3-86744-108-7
www.sankt-ulrich-verlag.de

Inhalt

Vorwort

Es ist heutzutage ein schier unmögliches Unterfangen, ein Buch über den Mittleren Osten schreiben zu wollen – so schnell und so unvorhersehbar verändern sich die dortigen Verhältnisse. Doch den Leser auf eine Familienreise durch die so wenig bekannte Welt der Christen des Orients mitzunehmen stellt obendrein in mehrfacher Hinsicht eine Herausforderung dar: Zunächst einmal geht es darum, diese Christen, von denen man diesseits des Mittelmeers nicht sehr viel weiß, überhaupt ausfindig zu machen; dann gilt es, sie in ihrer Unterschiedlichkeit und ihren Besonderheiten zu charakterisieren; und schließlich will auch ihre aktuelle Situation beschrieben sein.

Es bedurfte der ganzen Entschlossenheit eines Frédéric Pichon, aber auch der ganzen Kraft seiner Faszination für die arabische Welt, um diese Herausforderung anzunehmen.

Daß er es getan hat, ist vermutlich seiner intellektuellen Neugier, ganz sicher aber seiner Liebe zu jenen Bevölkerungsgruppen zu verdanken, die die letzten Spuren einer gestern noch christlichen levantinischen Kultur verkörpern.

Diese Christen des Orients, deren Umfeld sich im Lauf der Jahrhunderte in islamisches Land verwandelt hat, werden, ob sie nun mit Rom uniert oder von der apostolischen Weltkirche getrennt sind, in ihrer eigenen Heimat als Fremde wahrgenommen. In der Gegenwartsgeschichte sind sie in zweifacher Hinsicht zu Opfern einer solchen Wahrnehmung geworden: zunächst in den Augen ihrer Landsleute, die sie als Verbündete der Kolonialmächte betrachteten, und dann in den Augen der Mandats- oder Schutzmacht, die sich ihrer bedienten, weil sie bereits für die gemeinsame Sache gewonnen und eher zu Zugeständnissen bereit waren.

Selbst wenn die Verfassung der arabischen Länder ihren Bürgern die freie Ausübung des Kults garantiert, sehen die Christen des Orients sich heute sowohl von seiten der Islamisten als auch in ihren eigenen Reihen mit neuen Ideologien der Intoleranz konfrontiert. Das Oszillieren zwischen einem dominierenden Islam und seinem laizistischen Gegenpart führt dazu, daß sich der Handlungsspielraum der Christen in der Region deutlich verringert, die ja bereits die Initiatoren des arabischen Laizismus gewesen waren, weil sie eine schleichende Islamisierung im Herzen des Osmanischen Reichs hatten verhindern wollen.

Zu diesen Völkern führt die Entdeckungsreise, auf die Frédéric Pichon uns mitnimmt. Dafür wollen wir ihm danken. Und wir wollen ihm dafür danken, daß er seinen Lesern Gelegenheit gibt, diese vergessenen Christen kennenzulernen. Der Orient ist die Geburtsstätte der Kirche; der Orient ist – leider! – auch der Schauplatz von Schismen und Spaltungen. Doch wie soll man jemanden anerkennen, den man noch gar nicht kennt? Uns diese Kenntnis zu vermitteln – das ist die Aufgabe, der sich der Autor auf den folgenden Seiten gewidmet hat.

Antoine Sfeir
Chefredakteur der *Cahiers d'Orient*

Reiseverlauf

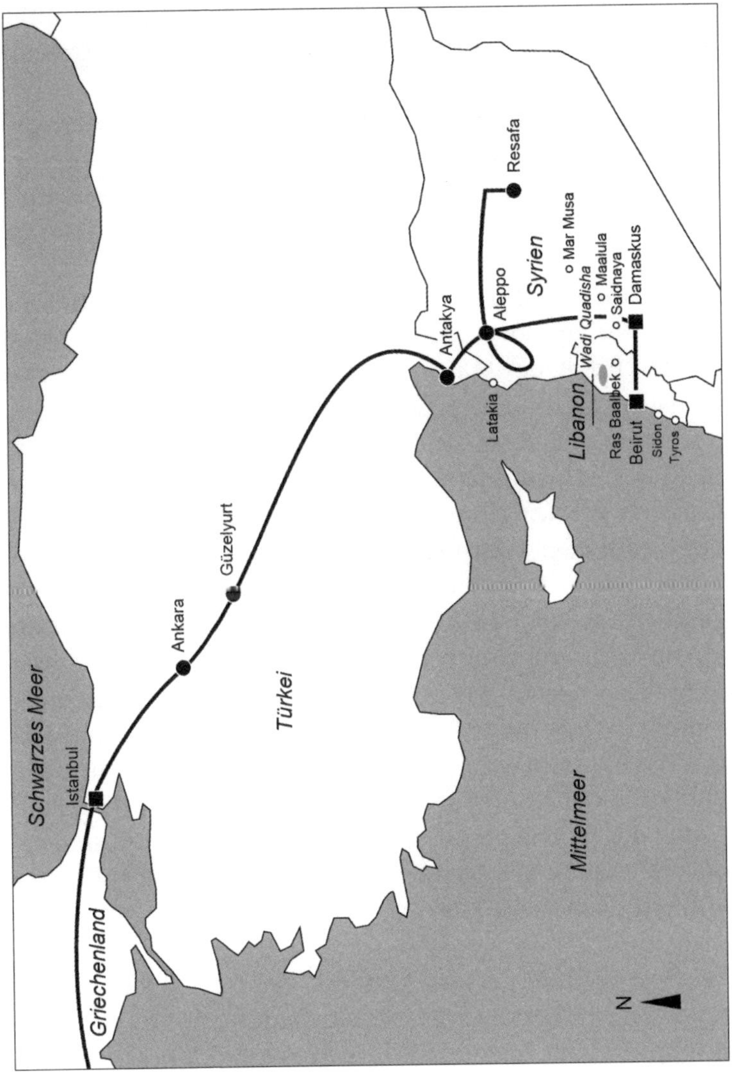

Sie heißen Yusuf, Ibrahim oder Elias. Sie leben irgendwo zwischen dem Libanongebirge, den syrischen Wüsten und der türkischen Grenze. Sie sind Christen im Land des Islam, und das Arabische ist ihre Muttersprache. Sie sind Nachfahren der ersten Christen, die die Welt je gesehen hat. Sie leben seit Jahrhunderten in diesem Land, und ihre Gegenwart hat die Geschichte des Mittleren Ostens geprägt.

Man hat schon viel über diese kleinen Gemeinden geschrieben. Man hat ihre ungewisse Zukunft betont, die zuweilen dramatische Situation ihrer Mitglieder, die starke Emigration, die viele von ihnen drängt, ihr Geburtsland hinter sich zu lassen.

Seit einem halben Jahrhundert schmilzt ihre Zahl wie Schnee in der Sonne: die der Aramäer und der Armenier in der Türkei, der Maroniten im Libanon, der Christen in Palästina. Auch die Chaldäer im Irak verschwinden nach und nach. Doch sie sind keine Eindringlinge. Und es ist nicht unbedingt geschickt, wenn Europa diese arabischen Christen vereinnahmen und sie gleichsam zu Vorposten der westlichen Welt machen will – obwohl sie doch ohnehin solche Schwierigkeiten haben, ihre Anwesenheit zu rechtfertigen. Bezeichnenderweise begehen gewisse abendländische Christen und gewisse arabische Muslime denselben verhängnisvollen Fehler: Sie manipulieren – zum Teil sicherlich unbewußt – die Geschichte und betrachten die Christen im Orient als Fremdkörper und als ein Relikt der Kreuzzüge. In Wirklichkeit aber sind sie die Erben der frühesten Bewohner dieser Region und stellten bis zur arabischen Eroberung im 10. Jahrhundert die Bevölkerungsmehrheit dar.

Wir waren ihnen etwas schuldig. Nach zwei Jahren, die wir in ihrer Gesellschaft verbracht hatten, konnten wir ermessen, wie wichtig ihre Anwesenheit im Orient ist.

Sie waren unsere Führer und unsere Verbindung zur arabisch-muslimischen Welt, die sie seit Jahrhunderten kennen, mit der sie umgehen und in der sie sich zum Teil unentbehrlich gemacht haben. Der Orient braucht sie, und das ist vielen dort durchaus bewußt.

Natürlich hat dieses Bild auch seine Schattenseiten: Die arabischen Christen sind nicht perfekt und wahrscheinlich nicht besser als wir. Doch wenn es einen Bereich gibt, in dem sie uns überflügeln, dann ist das die Treue. Sie sind ihren Wurzeln und ihrer Identität treu und geben uns damit ein Beispiel für jenen Mut und jene Beharrlichkeit, die der Westen so dringend braucht.

Dieses Buch handelt vor allem von Begegnungen, von Personen. Auf einer Strecke von 6000 Kilometern, die uns als Familie bis in die entlegensten Winkel geführt hat, haben wir ihr Privatleben geteilt, ihre tausendjährigen heiligen Stätten besucht und auch von ihren Zukunftsängsten erfahren.

Ihnen ist dieses Buch gewidmet in diesen für den Orient so unruhigen Zeiten. Denn die Sonne geht im Osten auf. Mögen sie auch weiterhin das Salz der Erde sein … *Inschallah*.

LIBANON
Schützendes Gebirge

Das Flugzeug hatte uns an einem frühen, kalten und ungewissen Morgen in Paris aufgelesen, um uns übergangslos im Glutofen von Chalde auf dem funkelnagelneuen Flughafen am südlichen Stadtrand von Beirut wieder auszuspucken. Zwei Jahre später war uns dieses Land ein wenig zur zweiten Heimat geworden, und wir zählten beklommen die Tage bis zu unserer Abreise. Wir hatten Freunde gefunden, hier und dort verstreut zwischen Jordan und Rotem Meer, Euphrat und Libanongebirge. Unsere kleine Tochter war in Beirut zur Welt gekommen und in Syrien getauft worden, und ein Jahr später brabbelte ihr älterer Bruder Arabisch und machte seine ersten Schritte zwischen zwei korinthischen Kapitellen, die achtlos vor dem Eingang zum Palast der früheren Emire des Libanon in Beit ed-Din postiert waren. Und dann das Umgangsarabisch, das wir nach vielen Mühen endlich zu beherrschen gelernt hatten und das im Sprecher eine Art Rausch erzeugt, weil es ihn zwingt, aus sich herauszugehen, ein anderer zu werden. Lawrence von Arabien, der diese Erfahrung bis zum äußersten getrieben hatte, berichtet in *Die sieben Säulen der Weisheit,* er habe zuweilen geglaubt, über dieser Persönlichkeitsverdopplung den Verstand zu verlieren. Zwei Jahre des Lebens und Arbeitens in diesem kleinen Land mit seinen faszinierenden Einwohnern, seinem angenehmen Klima und seinen Landschaften, die zauberhaft sind, sobald man sich nur ein wenig aus den zubetonierten Flächen herausbewegt. Allein Beirut ist eine schwelgerische Verheißung, eine Stadt, die man umwerben, die man ohne Unterlaß durchstreifen muß, um sie in ihrer ganzen Intensität auszukosten. Selbst nach dem Krieg hat Beirut sich seine heimliche Anziehungskraft, seine ewig tragische Dichte und seine nach Staub und Blut schmeckende Poesie bewahrt, und ich habe Marie Seurats Zeilen aus *Les Corbeaux d'Alep* immer wieder gerne gelesen: „Anderswo hätten die platten Wirklichkeiten eines normalen Lebens auf unserer Beziehung gelastet und sie letztlich erstickt. In Beirut dagegen verlieren sich die individuellen Neurosen erleichtert im grenzenlosen kollektiven Wahnsinn ... Beirut tat seine Pflicht als poetisches Inferno und kredenzte uns sein köstliches Gift ... Dieses außergewöhnliche Entwicklerbad löst den sozialen Lack auf und läßt das nackte Sein zutage treten ... Manche Ausländer wollten den Libanon nicht mehr verlassen, weil sie nur dort etwas waren und zum ersten Mal in ihrem Leben wirklich existierten."

Der Libanon. In den Sechzigerjahren des 20. Jahrhunderts klang dieser Name für einen Franzosen wie das Paradies, „die Schweiz des Mittleren Ostens", wie man das Land – übrigens wenig treffend – nannte. Seit langem glomm die Glut unter der Asche, und schließlich wurde der kleine Libanon in die Widersprüche seiner politischen Führer und das zynische Kalkül der Nachbarstaaten verwickelt und geopfert. Absichtlich, wie manche behaupten ... Nach dem Krieg hat das Land nichts mehr zu bieten; Beirut mit seinen Geiselnahmen und Autobomben erinnert an die Hölle. Und für das Abdriften eines Staates, das unaufhaltsam auf die Implosion zusteuert, wird – schrecklicher Neologismus! – der Begriff der „Libanisierung" geprägt. „Ihr seid verrückt!" sagte man uns wieder und wieder, als wir davon sprachen, dort leben zu wollen. Einige meinten sogar, man könne nicht einmal sicher sein, daß der Krieg wirklich zu Ende sei.

Fünfzehn Jahre nach Kriegsende scheint sich der Phönix wieder aus der Asche zu erheben. Exorbitante Wiederaufbauprojekte, Subventionen und internationales Kapital, ganz zu schweigen von den soliden Verbindungen zur mächtigen Diaspora – die Faktoren, die zu diesem Anschein des Neubeginns beigetragen haben, sind zahlreich. Tag für Tag, Monat für Monat häutet sich Beirut und schüttelt den unschönen Aussatz der vom Blei der Waffen und vom Wahnsinn der Menschen entstellten Mauern von sich. Überall werden Sushi-Bars, Yachthäfen und Grandhotels gebaut, wie um die zuweilen direkt angrenzenden Ruinen und die von Einschußnarben übersäten Fassaden herauszufordern, wo die Vegetation nach und nach wieder Fuß faßt. Doch der Rest des Landes bleibt von diesen Anstrengungen vielfach unberührt, und die Straßen werden, nachdem alle Arten von Panzern dort ihre Spuren hinterlassen haben, nur notdürftig wieder instandgesetzt.

Der Libanon spielt im Nahen Osten eine Ausnahmerolle. Dieses kleine Land, Gründungsmitglied der Arabischen Liga und eingezwängt zwischen zwei so furchteinflößenden Nachbarn wie Syrien und Israel, ist noch immer zu einem beträchtlichen Anteil – geschätzte 30 Prozent der Bevölkerung – von Christen bewohnt. Die letzte Zählung, die auf das Jahr 1932 zurückgeht, konnte aus Gründen der inneren Sicherheit bis heute nicht offiziell aktualisiert werden, weil die Ämter in Politik und Verwaltung hierzulande entsprechend der Zugehörigkeit zu den siebzehn anerkannten Religionsgemeinschaften verteilt werden. Der Präsident der Republik ist einem stillschweigenden Brauch zufolge Maronit, doch die Christen im allgemeinen und die Maroniten im besonderen waren die großen Verlierer des Krieges ... ebenso wie die anderen eigentlichen Protagonisten: die Palästinenser.

Christen Palästinas

„Wenn ihr eurem Herzen die Fähigkeit bewahrt, über die alltäglichen Wunder eures Lebens zu staunen, dann wird euer Schmerz euch nicht weniger wunderbar dünken als eure Freude."

Khalil Gibran, *Der Prophet*

Das Wetter ist schön heute morgen am Mittelmeer. Die Sonne ist vor zwei Stunden aufgegangen, es ist nicht zu warm, und es herrscht ein wunderbares Licht. Noch hat sich über den Höhen, die Beirut beherrschen, kein gelber Lichthof gebildet. In vielen Verästelungen wuchert die auf einem schmalen Küstenabschnitt dicht zusammengedrängte Stadt in extremer Anarchie die Hügel empor. Im Norden herrscht dichter Verkehr auf der einzigen größeren Hauptstraße, die nach Dbayeh in Richtung Tripoli führt. Ab Hazmieh und dann ab Sin el-Fil befindet man sich in christlichem Gebiet: Die Werbung ist schreiend bunt und zuweilen schamlos, die Leuchtreklamen in arabischer und englischer, seltener in französischer Sprache blinken an den Seiten der hohen Mietshäuser, die die Straße säumen. Bettler schlängeln sich durch den stokkenden Verkehr, Kriegsversehrte und von Geburt an Behinderte. Stillende Beduinenfrauen, zerlumpte syrische Arbeiter, alle sind sie geschwärzt von Staub und Abgasen. Die Verkäufer bieten alles feil: Sonnenblenden, CDs, weiße Kaninchen, Batterien und Pistazien.

Nachdem wir an einigen weiteren Yachthäfen vorbeigefahren sind, die sich noch im Bau befinden und wo sich schon jetzt Luxus und Glamour ihr Stelldichein geben, kehren wir dem Meer den Rücken und biegen rechts in das Viertel Dbayeh ab, das auf dem Hügel liegt. Die Polizei hat die Ausfahrt gesperrt, doch nach einigen Verhandlungen lassen sie uns durch.

„Die Palästinenser? Da oben", gibt mir ein Passant, den ich nach dem Weg frage, zerstreut Auskunft.

Um acht Uhr heute früh bin ich im Palästinenserlager von Dbayeh verabredet, und ich habe Paul mitgenommen, denn wenn man ein Kind bei sich hat, öffnen sich alle Türen. Doch der beste Passierschein, den man sich denken kann, ist Schwester Annie.

Schwester Annie ist die belgische Oberin der Gemeinschaft der Kleinen Schwestern von Nazareth, die im Lager von Dbayeh leben und völlig mit ihrer Umgebung verschmelzen: Das Chorgebet singen sie auf arabisch, und Arabisch ist auch ihre Alltagssprache, obwohl die meisten der Schwestern aus Europa stammen. Sie sind so spartanisch untergebracht wie alle hier im Lager: Eine armselige Bruchbude beherbergt ihre Zimmer, ihre Kapelle und den Raum, wo die Kranken gepflegt werden. Hier leben 4500 Flüchtlinge, und sie alle sind Christen.

Schwester Annie empfängt mich mit einem Kaffee. Sie ist eine junge, entschlossene Frau, die fließend Arabisch spricht. An der Wand hinter ihr hängt ein Portrait von Charles de Foucauld.

„Keine Politik, daß wir uns recht verstehen", vergewissert sie sich. „Sie wissen ja, das hat ihnen mehr geschadet als genützt ..."

Ich antworte ihr, daß ich hier bin, weil sie Christen sind. Und der Besuch beginnt. Schwester Annie will mich mitnehmen, um einige Familien zu treffen und den Tag mit ihnen zu verbringen.

Das Lager von Dbayeh ist eines von zwölf palästinensischen Flüchtlingslagern im Libanon. Für die Palästinenser hat die UNO eine eigene Vertretung geschaffen, die UNRWA – das Hilfswerk der Vereinten Nationen für Palästina-Flüchtlinge im Nahen Osten –, die 1950 für sechs

Monate eingerichtet worden war und bis heute fortbesteht. Von der seltenen Unterstützung aus dem Ausland einmal abgesehen ist vor allem sie es, die die Lager in Gang hält.

Am Eingang erkenne ich das Gebäude wieder, das unsere libanesischen Schüler vom Komitee für soziale Aktivitäten in Dschamhur frisch gestrichen haben. Außerhalb dieses Bereichs werden die Palästinenser streng überwacht, und das Erscheinungsbild des Lagers darf nicht verändert werden. Die Gebäude sind massiv, etwas zusammengewürfelt, aber sauber. Sie sind an keines der großen Wasser- oder Stromversorgungsnetze angeschlossen. Nicht weit vom Haus der Schwestern dreht sich permanent ein Generator. Das Lager ist kein abstoßender Ort. Die einfachen, weiß getünchten Häuser sind mit Blumen und Wein überrankt, auf den Straßen wimmelt es von Katzen, und es scheint keine bewaffnete Präsenz zu geben. In der Ferne erkennt man Beirut. Es ist ein friedlicher Platz.

Und doch spielen sich hier Tag für Tag Dramen ab, und die Stimmung ist gedrückt. Die erste Tragödie ist die, die diese Palästinenser – die meisten von ihnen 1948 in den Libanon getrieben hat. Die zweite ist ihre Situation der Rechtlosigkeit: 72 Berufe sind ihnen verwehrt, ebenso das Recht auf Grundbesitz. Sie haben praktisch keine soziale Sicherheit. Unterwegs zeigt die Schwester mir ein Haus, in dem vergangene Woche ein Kind an einer banalen Infektion gestorben ist. Die Kleine hatte Windpocken, und es hatte Komplikationen gegeben. Die Geißeln des Lagers: Diabetes und alle Arten von Krebs. Nachdem ich erwähnt hatte, ich sei aufgrund einer Straßensperre zu spät gekommen, hatte Schwester Annie geantwortet: „Bestimmt wegen dieser Geschichte mit dem Mord. Die Polizei ermittelt. Vorgestern ist eine alte Frau mit Gewichten von einer Waage erschlagen worden …“

Normale Szenen des Lagerlebens. Auch das sind die Verdammten des Orients – nicht nur die, die man jeden Tag im Fernsehen sieht mit ihren *Kufiyas* und ihren in Rot, Weiß, Grün und Schwarz gehüllten Särgen. Die Palästinenser im Lager von Dbayeh haben ein doppeltes Handicap: Sie sind Palästinenser, und sie sind Christen. Die Israelis weisen diese Flüchtlinge ab, weil sie Palästinenser sind; die palästinensischen Muslime mißtrauen ihnen, weil sie Christen sind. Und die Libanesen sehen in ihnen vor allem Palästinenser und damit eine Bedrohung für die Stabilität des libanesischen Staates.

„Keine Nationalität, keine Arbeit, ich habe kein Leben gehabt."

Elias Semaan raucht eine Zigarette nach der anderen. Er hat Haifa 1948 verlassen, da war er fünf. Er sieht aus wie siebzig, und die Diabetes zehrt an ihm. Er lebt mit seinem Vater, seinen beiden Brüdern, seinen Schwägerinnen, seinen Nichten und Neffen in einem bescheidenen Haus in Leichtbauweise, wo Schwester Annie uns verläßt, nachdem sie mich vorgestellt hat,

„*Tfadal,* nehmen Sie Platz."

Die Frauen sind noch im Nachthemd und unfrisiert; eine von ihnen, Elias' Schwester, hat wirklich Klasse: Sie muß einmal sehr schön gewesen sein. Das Innere ist sehr einfach, doch hier sieht man keinen Felsendom und auch keine Bilder von „Märtyrern". Nur ein paar Ikonen und ein Bildnis der Jungfrau von Medjugorje. Neben einem Plastikblumenstrauß steht ein Foto des Sohnes, der bei einem Autounfall ums Leben gekommen ist. Auch die Stühle sind aus Plastik, die Platten mit orientalischem Gebäck kreisen unablässig, der in winzigen Tassen servierte Kaffee fließt ohne zu versiegen. Die Frauen scharen sich um den kleinen blonden Franzosenjungen, der auf der Suche nach einem Butterbrot in der Küche verschwindet; die Nachbarinnen werden herbeigerufen, sie reichen sich das Kind von Arm zu Arm. Man unterhält sich auf arabisch, doch es ist kein Klagelied. Eher eine Art Fatalismus und Resignation, bedingt durch die Schicksalsschläge der Vergangenheit: Zu Beginn des Krieges wurde das Lager verlegt, damit es nicht in die „palästinensisch-progressive" Zone geriet, denn nicht selten drohte den Flüchtlingen von Arafats *Fedajin* die größte Gefahr. Doch auch im Norden Beiruts wurde das Lager mehrfach blindlings von den Syrern bombardiert oder von christlichen Milizen „durchsucht". Das nehmen sie den libanesischen Christen hier ein wenig übel. Der dem Lager zugewiesene maronitische Priester ist nicht beliebt. Merkwürdig, wenn man weiß, daß die große Mehrheit dieser Palästinenser griechische Katholiken sind. Man wirft ihm vor, daß er Mercedes fährt und sich nicht wirklich für die Menschen im Lager einsetzt.

Nabila ist die einzige Nichte, die anwesend ist. Sie hat Glück gehabt: Vor kurzem hat sie einen Briten geheiratet und wird ihm bald nachreisen. Sie wartet nur noch, bis ihr Großvater stirbt. Er hat Krebs im Endstadium. Seit der Hochzeit seiner Enkelin läuft und ißt er wieder.

„Eine vorübergehende Besserung", hatte Schwester Annie mir erklärt, die ihm jeden Tag seine Spritze gibt. Nächste Woche wird es soweit sein.

Nabilas britischer Ehemann ist ein eingebürgerter Chinese und kugelrund. Er hat im Auftrag einer palästinensischen Warenhauskette einige Monate in Beirut verbracht. Nabila ist seit sechs Jahren Kassiererin in einem dieser Warenhäuser, ohne je befördert worden zu sein, obwohl sie Englisch spricht – weil sie Palästinenserin ist. Jetzt kann sie auswandern und sogar in London leben. Doch dafür mußten sie und Li sich kirchlich trauen lassen, denn das ist die einzige gültige Eheschließung im Libanon. Das Problem ist, daß Li Buddhist ist; der Priester hat es jedoch nicht bemerkt. Als Nabila mir die Hochzeitsfotos zeigt, bittet sie mich auf englisch, ihrem Großvater nichts davon zu sagen …

Jetzt verstehe ich, weshalb ich unter den Ikonen und heiligen Jungfrauen gerade eben eine Miniaturausgabe der *Tower Bridge* aus Plastik entdeckt habe …

Als wir das Haus der Familie Semaan verlassen, bleiben wir noch einige Minuten auf der Schwelle stehen – unter dem Weinlaub und neben den Fässern mit dem Wasser, das alle zwei Tage ausgeteilt wird. Überall schleichen Katzen herum. Ein alter Maulbeerbaum biegt sich unter seinen Früchten. Die Frauen bieten mir davon an, wir kommen nicht los, ehe der kleine Franzosenjunge noch einmal von Arm zu Arm gereicht worden ist. Doch man erwartet mich noch bei einer anderen Familie.

Rima, Layal und Maya sind drei Schwestern, siebzehn, neunzehn und zwanzig Jahre alt. Sie empfangen mich in einem winzigen Haus, das sie gemeinsam mit ihrer Mutter bewohnen. Ein Schlaf- und ein kleines Wohnzimmer. Die drei Schwestern sind bezaubernd; erstaunlich helle Augen und eine natürliche Würde, wie man sie oft gerade in einfachen Familien beobachtet. Auch dort sprechen wir nicht über Politik, aber die Mädchen hegen keinen Groll, das liegt an der Generation. Sie beklagen sich nicht über ihr Schicksal. Die Palästinenserfrage ist etwas, das man vergessen, wovon man sich um jeden Preis befreien will. Alle studieren nahezu kostenfrei an der libanesischen Universität. Ein Studium an der *Université Saint-Joseph* oder an der amerikanischen Universität würde sie 20.000 Dollar kosten. Daran brauchen sie nicht einmal zu denken … Der Libanon?

„Das ist nicht wirklich unser Land, und außerdem haben wir hier keine Zukunft …“, sagt Maya, die Älteste, die Englisch studiert.

Sie wird im Sommer einen christlichen Palästinenser heiraten, ehe sie beide nach Dubai abreisen, wo ihr künftiger Ehemann eine Arbeit hat. Am Ende werden sie vielleicht nach Kanada oder nach Europa gehen. Dem Libanon werden sie keine Träne nachweinen, aber sie werden ihm auch nicht grollen. Das Erstaunliche an der dritten Generation der Palästinenser von Dbayeh ist ihr Wille, zu vergessen, ein neues Kapitel aufzuschlagen und alles dafür zu tun, daß sie anständig leben können – auch weit entfernt von Palästina oder dem Libanon, weit entfernt von jeder ideologischen Konditionierung. Als unser kleiner Junge aus dem Haus kommt, hat er ein neues Plüschtier: eine weiße Katze, die auf der Heckablage unseres Autos mit nach Europa reisen wird, ein ferner Nachhall von Dbayeh mit seinen Katzen und seinen drei Schwestern.

Der Nuntius und der Patriarch

„Der Libanon ist mehr als ein Land, er ist eine Botschaft.“

Johannes Paul II., Mai 1997

Im Norden von Beirut beginnt die christliche Zone, die während des Kriegs für diejenigen entstand, die dem Inferno entkommen waren. Arafat hatte gewarnt: „Die Straße nach Jerusalem führt über Jounieh.“ Bis 1975 war die von Mietshäusern übersäte, zubetonierte und von der Autobahn durchschnittene Bucht von Jounieh ein friedlicher Ankerplatz für die Küstenfischer. Als die Christen aus Ost-Beirut flohen, hofften sie, daraus ein Heiligtum und einen uneinnehmbaren Zufluchtsort machen zu können. Wie viele junge Libanesen, die während des Kriegs nach Frankreich geschickt wurden, um dort ihr Studium fortzusetzen, sind wohl über Jounieh in den Libanon zurückgekehrt? An ihrer Pariser Universität ließen sie kein Wort darüber verlauten, „um den Leute nicht auf die Nerven zu fallen, die uns außerdem sowieso nicht verstanden hätten“. Damals mußte man auf Zypern ein Schiff nehmen und mit ausgeschalteten Lichtern in die Bucht einfahren, im Slalom, um den syrischen Granaten auszuweichen, die von den Bergen aus abgeschossen wurden und zuweilen ins Schwarze trafen. In diesem Fall hatte man keine andere Wahl als zu schwimmen, mitten zwischen den Trümmern und Ölteppichen hindurch und den Blick fest auf die Jungfrau in der Ferne gerichtet.

Von den Bergen aus, die fast senkrecht über der Küste aufragen, wacht die Jungfrau von Harissa über den Libanon. Der Weg, der dorthin führt, ist lang und steil und schmiegt sich eng an den Berg. Sonntags kommen die Libanesen busseweise an diesen Ort, wo jede der Kirchen ihr monumentales Gotteshaus hat. Die maronitische Kathedrale Unserer Lieben Frau von Harissa streckt ihre futuristischen Linien aus Beton, Glas und Stahl der offenen See entgegen. Sie ist das spektakulärste Gebäude. An manchen Tagen drängen sich hier die bunten Massen. Pfadfinder, äthiopische Hausangestellte mit großen Tüchern in den Farben Afrikas, kleine libanesische Schwestern, ganze Familien. Sie zünden in den Grabkapellen ein paar Kerzen an, bekreuzigen sich demonstrativ und steigen die Treppe hinauf, die um die Statue der Jungfrau herum zu einem Aussichtspunkt führt, von wo aus man einen herrlichen Blick auf die Bucht von Jounieh hat. Die Christen erzählen gerne, daß die Statue sich während des Krieges um neunzig Grad gedreht habe, um auf die Märtyrerstadt Beirut zu blicken. An manchen Tagen strömen fast ausschließlich Muslime hierher. Der Aussichtspunkt, der unverbaute Blick auf die Bucht, aber auch eine eigentümliche Verehrung für Maria, die Mutter Isas, des letzten Propheten vor Mohammed, machen diesen Marienwallfahrtsort zu einer kuriosen Sehenswürdigkeit für muslimische Ausflügler. Selbst die saudischen Reiseveranstalter haben Harissa auf dem Programm und führen Sommer für Sommer Scharen von Touristen über die Esplanade.

Hier läßt sich auch ein für die Christen des Orients typisches Ritual beobachten. Im Marienmonat Mai legen manche Frauen ein Gelübde ab, mit dem sie sich der Jungfrau weihen. Dabei sind sie in ein himmelblaues Gewand gekleidet, das in der Taille von einem Strick gehalten wird, und tragen einen weißen Schleier: Diese eigenartige Aufmachung werden sie einen Monat lang beibehalten.

Neben dem Wallfahrtsbezirk von Harissa liegt die Apostolische Nuntiatur, eine Art vatikanische Botschaft für die Katholiken des Libanon. Nachdem man seinen Einlaßschein vorgezeigt hat, kommt man zu einem hübschen Haus inmitten eines blühenden Rosengartens. Der Nuntius persönlich, Don Luigi Gatti, pflegt seine Rosen mit eifersüchtiger Sorgfalt.

„Keine einzige Granate hat meinen Garten während des Krieges getroffen“, erklärt er mir stolz mit starkem italienischem Akzent. „Alle wußten, daß es eine Grenze gibt, die man nicht übertreten darf ...“

Tatsächlich hatte es niemand gewagt, die Nuntiatur zu bombardieren, obwohl die gesamte Umgebung reichlich mit allen Arten von Geschossen bedacht worden war. Als Don Luigi die selektive Präzision der Artillerie sämtlicher Kriegsparteien erwähnt, kommt mir unwillkürlich ein nicht minder beeindruckendes Beispiel ballistischer Mäßigung in den Sinn. Auf dem Platz der Märtyrer in Beirut, der vom Krieg vollständig zerstört worden war, überstand einzig die armenisch-katholische Sankt-Elias-Kirche völlig unbeschadet den fünfzehnjährigen Konflikt. Die Armenier hatten sich zu Beginn der Feindseligkeiten für neutral erklärt.

Don Luigi ist liebenswürdig und herzlich, ein Genußmensch. Wenn er einen Empfang gibt, gibt es reichlich zu essen, der Wein fließt in Strömen, und Zigaretten machen die Runde. Aber er ist auch ein gequälter Mensch, und in der Tiefe seines Blicks scheint etwas zerbrochen zu sein. Der Apostolische Nuntius im Libanon ist der Botschafter der Katholiken, das heißt, wenn man alle Kirchen zusammenrechnet, der Mehrheit der libanesischen Christen. Don Luigi hat seine Dissertation über Mazzini, den Anhänger des Laizismus, geschrieben, der das Scheitern der weltlichen Macht des Papsttums verkündet und die italienische Republik gegründet hatte. Ein merkwürdiges Detail, wenn man bedenkt, wie sehr Religion und Politik im Libanon miteinander verflochten sind, zum Guten wie zum Bösen ... Don Luigi hat mir erzählt, wie er in der letzten Phase des Krieges Ende der 1980er Jahre die drei christlichen Führer Michael Aoun, Samir Geagea und Elias Hobeika in der

Nuntiatur versammelt hatte, die einander nach Herzenslust zerfleischten und damit das christliche Lager in Gefahr brachten. Er hatte nichts ausrichten können – der Brudermord war nur noch schlimmer geworden.

„Das ist jetzt fünfzehn Jahre her, und schauen Sie sich das Ergebnis an: Aoun ist im Exil, Geagea im Gefängnis, und Hobeika haben sie mit einer Autobombe in die Luft gejagt."

Don Luigi ist verbittert und geht mit dem Christen des Orients zuweilen hart ins Gericht. Geld und Religion sind seiner Ansicht nach im Orient viel zu eng miteinander verbandelt.

„Die Einheit mit dem Stuhl Petri ist nur eine Fassade. Sie zeigt sich vor allem dann, wenn die Kirchen Geld brauchen", sagt er und macht eine Handbewegung, als unterschriebe er einen Scheck ... „Außerdem gibt es im Libanon andere gewichtige Gesprächspartner, die Schiiten zum Beispiel, die zunehmend an Einfluß gewinnen und nicht vernachlässigt werden dürfen. Viele sind gebildet und bereit zum Dialog."

Dennoch besteht der Nuntius auf der Notwendigkeit dieser christlichen Präsenz im Orient.

„Trotz ihrer Fehler sind sie dennoch das Salz der Erde ... Und ich, ich muß dafür sorgen, daß dieses Salz unversehrt bleibt, auch wenn es sich zuweilen mit Sand vermischt ..."

Wenn man von Harissa, das die Bucht von Jounieh beherrscht, wieder hinabsteigt, kommt man zum Sitz des maronitischen Patriarchen von Bkerke, einem schönen neoklassizistischen Gebäude. An manchen Sonntagen liest der Patriarch hier für kleine Gruppen eine Messe, auf die in der Regel ein Empfang im großen Ehrensaal der patriarchalen Residenz folgt. Das Licht ist großartig heute morgen, die blau gestrichenen Türen und Fensterrahmen sind wie der Widerschein des Meeres, das sich unter uns erstreckt. Nachdem wir die Kinder aus dem Wagen geholt haben, gehen wir Richtung Patriarchalkapelle, um der Messe beizuwohnen. Mit seinen knapp achtzig Jahren ist Mar Nasrallah Boutros Sfeir der 77. Patriarch der maronitischen Kirche, die, wie die Maroniten gerne betonen, schon immer mit Rom verbunden gewesen ist. Er ist ein kleiner Mann. Ein kurzer Bart umrahmt sein Gesicht, das außerordentliche Intelligenz und Willenskraft verrät. Es ist ganz sicher nicht einfach, das geistliche Oberhaupt der Maroniten, der wichtigsten christlichen Gemeinschaft des Libanon, zu sein. Der moderne Libanon verdankt seine Entstehung einem maronitischen Patriarchen, der Frankreich davon überzeugt hatte, nach der Zerschlagung des Osmanischen Reichs diesen kleinen Staat zu schaffen. Damit ist die Rolle des Patriarchen auch eine erdrückende politische Verantwortung und nicht selten eine Qual für diejenigen, die dieses Amt übernehmen und gezwungen sind, sich mit der Verworrenheit der Lage und nicht selten auch mit dem Zynismus und Undank der Menschen zu arrangieren. All das kann man Kardinal Sfeir vom Gesicht ablesen. Er hat schwierige politische Entscheidungen getroffen und ist dafür in den dunkleren Jahren des innerchristlichen Konflikts geschmäht, bedroht und sogar geschlagen worden. Ohne Unterlaß hat er versucht, seine Gläubigen und die Christen im allgemeinen zu schützen, und das zu einem Zeitpunkt, als ihr Aussterben im Westen bereits beschlossene Sache war.

„Der Libanon ist für die Maroniten das, was Mekka für die Muslime ist", wiederholt er gerne.

Nach der Messe empfängt er seine Besucher im Ehrensaal. Sein Französisch ist perfekt, seine Stimme sanft und fest zugleich. Über seinem Sessel hängt ein Portrait von Johannes Paul II. Keine hölzerne Sprache, keine Floskeln – der Patriarch ist hier zu Hause.

„Wir Christen sind stolz auf unsere Freiheit hier im Orient. Wir haben in der arabischen Welt eine Rolle zu spielen, und diese Rolle wird uns niemand nehmen."

Die Idee von einem „christlichen Schutzgebiet“, einem ausschließlich den Christen des Orients vorbehaltenen Staat, wie manche ihn sich erträumen, lehnt er ab.

„Das wäre ein zweites Israel, jedoch ohne militärische Macht und ohne die Unterstützung der Großmächte. Nein, wirklich, unsere Berufung im Herzen dieser arabischen Welt ist eine andere.“

Mit Kardinal Sfeir kann man über alles reden, selbst über die brisantesten Themen wie etwa die syrische Präsenz im Libanon. Aber er ist Pragmatiker.

„Natürlich sind Syrien und der Libanon in geographischer und historischer Hinsicht aufeinander angewiesen. Doch das Problem ist das Ungleichgewicht der Beziehungen beider Länder, und die Syrer müssen das verstehen, auch in ihrem eigenen Interesse.“

Und die Situation der Christen im Libanon?

„Die Christen und vor allem die Maroniten sind die großen Verlierer des Krieges. Warum emigrieren die jungen Christen scharenweise? Aus wirtschaftlichen Gründen, natürlich, aber auch, weil sie keinen politischen Einfluß mehr haben. Sie fühlen sich wie Bürger zweiter Klasse.“

Was die syrischen Christen und insbesondere die Maroniten betrifft, so bewertet Kardinal Sfeir ihre Unterstützung als zurückhaltend oder sogar nicht existent.

„Das haben sie in der Vergangenheit sehr teuer bezahlt.“

Schließlich erhebt er sich, nimmt unsere Kinder in den Arm und sagt, zu uns gewandt:

„Es ist Ihre Aufgabe, allen jungen Christen, denen Sie auf Ihrer Reise begegnen, zu sagen, daß sie im Orient bleiben sollen, denn der Orient braucht sie.“

Dann, mit einem Lächeln:

„Was für eine Idee, so eine lange Reise, und dann auch noch mit den beiden Kleinen! Ich segne euch trotzdem, alle vier!“

Heilige Maroniten

„Wir sind wie Sterbende, und seht: wir leben (...) uns wird Leid zugefügt, und doch sind wir jederzeit fröhlich (...) wir haben nichts und haben doch alles."

Zweiter Brief des Apostels Paulus an die Korinther, 6,9-10

Als wir zurück auf der Autobahn sind, die nordwärts nach Tripoli führt, muß ich wieder an diese verflixten Maroniten denken, deren Geschichte von Anfang an von Widrigkeiten und der bitteren Not des Überlebens geprägt gewesen ist. Als Anhänger eines Bischofs, der sich vom byzantinischen Reich abgespalten hatte, wurden sie verfolgt und gejagt, bis sie Syrien verließen und nach langer Zeit in den schwer zugänglichen Gebirgsregionen des Libanon Zuflucht fanden. Ihre Freiheit war ihnen soviel wert, daß sie die ungünstigen Bedingungen im Libanongebirge in Kauf nahmen, wo jedes Dorf, um zu überleben, das Gebirge gleichsam neu modellieren und mit Terrassen bändigen mußte, auf denen sich frei und weithin sichtbar in der reinen Luft der Berge ihre gedrungenen und massiven Kirchen erheben. Auf diesen hochgelegenen Bastionen traten sie trotzig allen Eindringlingen entgegen, und die Geschichte gab ihnen häufig Gelegenheit, ihren soldatischen Mut unter Beweis zu stellen. Es heißt, daß ein Maronit niemals von sich aus angreift, daß seine Verteidigung aber allen Attacken standhält.

Ich erinnere mich an ein besonders beeindruckendes Detail am Ausgang der kleinen Kirche von Mayfouk, einem der Dorfheiligtümer des maronitischen Gebirges. Die winzige Kirche war einst der Sitz des maronitischen Patriarchen gewesen. In einem an die Kirche angrenzenden Raum war ich in das Versteck des Patriarchen geschlüpft, einen winzigen, parallel zur Wand angelegten Verschlag, dessen Eingang mit einem Stein getarnt war. Wie die niedrige Eingangspforte der Kirche, die verhindern sollte, daß ein Angreifer zu Pferd dort eindringen konnte, zeugte auch diese Vorrichtung von der prekären Lage der Maroniten. An die bisher letzte Episode dieses jahrhundertealten Verhängnisses erinnert der Friedhof auf der gegenüberliegenden Seite: die rotweißen, nach unten hin spitzzulaufenden Kreuze wachen über die toten Soldaten der *Forces libanaises,* die während des Bürgerkriegs die wichtigste christliche Miliz stellten. Nach der Messe verteilt eine trauernde Familie zum vierzigsten Todestag eines Angehörigen, der auf dem bescheidenen Friedhof begraben liegt, kleine Gewürzbrote an die Gottesdienstbesucher.

Das christliche Gebirge, das sich von Jounieh bis auf die Höhe von Tripoli erstreckt, hat sich seinen Zufluchtscharakter bis heute bewahrt. Zwei Heiligtümer sind besonders frequentiert – zwei Klöster, die der maronitischen Christenheit nach dem heiligen Scharbel Makhlouf ihre beiden jüngsten Heiligen geschenkt haben: die heilige Rafqa oder Rebekka – sie hieß eigentlich Botrossia, Petra, weil ihr Geburtstag auf das Fest der heiligen Petrus und Paulus fiel –, die ihre physischen Leiden während ihres dreißigjährigen Lebens als arme Ordensfrau aufopferte, und der heilige Nimatullah Kassab al-Hardini, Mönch in einem libanesischen Antoniuskloster, der im Ruf der Heiligkeit in Kfifane verstarb. Er wurde im Mai 2004 heiliggesprochen. Hier stößt man wieder auf diese Scharen von Besuchern, religiöse Touristen und Sonntagsausflügler, die in lärmenden Massen auf den riesigen angelegten Parkplätzen angeschwemmt werden.

In dieser Gegend führen breite Straßen die Berge empor, und noch in einer Höhe von 1500 Metern und mehr hat man Dörfer gebaut. Die Maroniten sind rauhe Bergbewohner geblieben – darin ähneln sie den Korsen. In manchen Dörfern sieht man, wie alte Frauen in schwarzen Tüchern einen Esel vor sich her treiben, während die Männer, die Hand auf den Gehstock gestützt, auf der Bank neben der Kirche miteinander diskutieren. Doch damit sind die Ähnlichkeiten noch nicht erschöpft. Die hiesigen Sitten stehen der Vendetta der *Île de Beauté* in nichts nach. Als wir – vorbei an großartigen geologischen Verwerfungen und tiefen Schluchten, die den massiven Block des Libanongebirges durchziehen – etwa eine Stunde lang durchs Gebirge gefahren sind, kommen wir nach Ehden und stoßen dort auf ein seltsames Bauwerk aus großen ockerfarbenen Quadern und fensterlosen Mauern. Wir erkundigen uns und erfahren, daß es sich um das gigantische Mausoleum handelt, das die Familie Frangié ihren Toten errichtet hat – und darunter befinden sich weiß Gott genügend Berühmtheiten: ein Präsident der Republik zum Beispiel und viele seiner Nachkommen, die häufig in der Blüte ihrer Jahre im Zusammenhang mit irgendwelchen obskuren Geschichten von rivalisierenden Clans und unmöglichen Bündnissen dahingerafft worden sind. Die Frangiés sind die Feudalherren in diesem nördlichen Teil des christlichen Libanon. Ihre Geschichte weist starke Überschneidungen mit der des modernen Libanon auf, und darin wimmelt es nur so von Kollektivmorden, Selbstjustiz in Kirchen und Tributzahlungen, die der Bevölkerung abgepreßt werden – und das alles unter den Augen der heiligen Jungfrau, die über das Gebirge der Maroniten des Nordens wacht.

Um das maronitische Land besser zu verstehen und zu erforschen, hatte ich beschlossen, daß wir den Weg durch das heilige Tal, Wadi Qadisha, und über Bischarri nehmen würden, die gemeinsam die winzige *„Île-de-France"* der Maroniten bilden: die heiligsten Orte, die Ihnen jeder Maronit, selbst wenn er seit fünf Generationen im australischen oder brasilianischen Exil lebt, ohne Zögern auf einer Karte des Libanon zeigen kann.

Das Wort *Qadisha* leitet sich von einer semitischen Wurzel ab, die „heilig“ bedeutet. Dieses tief eingeschnittene Tal ist von Grotten und Felsbehausungen durchzogen, die seit Menschengedenken bewohnt sind, und mit Kapellen, Einsiedeleien und Felsenklöstern gespickt, die inmitten von Garriguelandschaften und Pinienwäldern liegen. Seit dem frühen Mittelalter haben hier Generationen von Mönchen, Eremiten, Asketen und Anachoreten der verschiedenen Konfessionen Zuflucht gefunden, die aus den blutigen Kämpfen der mittelalterlichen Christenheit hervorgegangen waren. Alle theologischen Strömungen waren vertreten. Im Zentrum des Tales, nach einem Fußmarsch von einer guten Stunde, gelangt man zum Dair Qannoubin, dem „Kloster der Zönobiten“ laut Etymologie. Es ist von einer beispielhaft nüchternen Schlichtheit und den örtlichen Überlieferungen zufolge sehr alt. Vom 15. bis zum 19. Jahrhundert war es der Sitz des maronitischen Patriarchen und das lebendige Herz dieses Tals. Die halb aus dem Fels herausgehauene Kirche ist mit gut erhaltenen Wandmalereien geschmückt, die vom Anfang des 18. Jahrhunderts stammen. Nicht weit von hier erhebt sich die Kapelle der heiligen Marina, einer berühmten Heiligen dieses Tals. Der Ort wird von einem riesigen Olivenbaum kenntlich gemacht, dessen knotiger, von den Jahrhunderten verdrehter Stamm wie ein bedrohlicher Zerberus über die Stätte wacht, an der die sterblichen Überreste von siebzehn maronitischen Patriarchen ruhen. Heute leben nur mehr wenige Mönche und noch weniger Einsiedler im Qadisha-Tal. Doch hinter einer Wegbiegung, die um den Felsen herumführt, gelangt man zu einer Grotte, die in eine Kapelle umgewandelt worden ist. Von der Decke tropft das Wasser, und die Kerzen verbreiten ein zittriges Licht über diesen erfrischend schattigen

Winkel. Daneben verschließen einige aufgetürmte Steine eine Öffnung. Ein behagliches Nest für den Eremiten, der seit mittlerweile sechs Jahren hier lebt. Sein Stück Land, das auf einer künstlichen Terrasse liegt, erlaubt es ihm, sich selbst zu ernähren, wenn er nicht gerade fastet: Ich erkenne Mais und ein paar dürre Gemüsepflanzen. Der Mann hat seit sechs Jahren kein Wort gesprochen. Er ist Kolumbianer, wie man mir später sagt. Sein schwarzer Bart ist inzwischen zu einer beachtlichen Länge gewachsen und flattert an seiner groben, dunklen Kutte entlang. Er kniet nieder, den Blick fest auf den Altar des kleinen Heiligtums gerichtet, und regt sich nicht mehr. Ich schleiche auf Zehenspitzen davon …

Am Talende wird Bischarri sichtbar, das Adlernest der zähen maronitischen Bergbewohner. Stolz ragt die Kuppel seiner Kirche in den Himmel. Die Stadt, die über dem offenen Schlund des Qadisha zu hängen scheint, ist eine Herausforderung, eine Art kühne Manifestation der Freiheit – und wenn man sie auf den Gipfeln und in der Kargheit der Berge leben muß! Hier versteht man besser, warum manche ihrer Söhne einen so feurigen Charakter haben – wie Khalil Gibran, der rebellische Verfasser des *Propheten,* der vom maronitischen Patriarchen exkommuniziert wurde. Auf dem Sterbebett vererbte er seiner Geburtsstadt die Rechte an seinen Büchern und löste damit einen Krieg zwischen rivalisierenden Familien aus, die alle ein Stück vom Kuchen haben wollten. Oder Samir Geagea, der frühere Befehlshaber der *Forces libanaises,* genannt *Hakim,* „der Arzt“ – für viele auch der Heilige –, der für verschiedene Kriegsverbrechen dreimal zu lebenslänglicher Haftstrafe verurteilt wurde und seit Ewigkeiten in einer finsteren Zelle im Verteidigungsministerium schmachtet.

Bischarri erhebt sich beinahe auf dem Kamm des Libanongebirges, nicht weit von den berühmten „Gotteszedern", von denen nur noch einige wenige Exemplare erhalten sind. Wenn man sie erreicht hat, steht man vor der fast senkrechten Wand, die die Küstenregion von der Bekaa trennt, der langen und schmalen Ebene im libanesischen Landesinneren. Die Christen von Ras Baalbek erwarten uns …

Am Ende der Bekaa

„Denn so hat uns der Herr aufgetragen: Ich habe dich zum Licht für die Völker gemacht, bis an das Ende der Erde sollst du das Heil sein."

Apostelgeschichte 13,47

„Sie sind überall, sogar mitten im Nirgendwo. Nie hat man seine Ruhe! Aber wenn er will, daß ich etwas von seinem Zeug kaufe, muß er sich schon ein bißchen bewegen ..."

Wir sind in 1800 Metern Höhe auf dem Berg der Zedern. Uns gegenüber im Westen liegt das Meer, vierzig Kilometer Luftlinie entfernt. Doch heute ist es zu heiß, man sieht es nicht. Etwa fünfhundert Meter unter uns erkennt man inmitten der felsigen Umgebung den stark reduzierten Hain der Zedern Gottes. Hinter uns liegt der äußerste Norden der Bekaa. Und Wind. Luft. Stille. Bis auf den guten Mann, der im Kofferraum seines abgewrackten Datsun seine Siesta gehalten hat und nun hinter uns herkommt, um uns seine Nüsse, seine Mandeln und alle Arten von gesalzenen Kernen anzubieten. Seine Sandalen sind bis auf die Riemen abgewetzt, seine alte, verwaschene *Kufiya* kann seinen buschigen Schnurrbart nicht verdecken. Er taucht die Hand in seine Körbe und läßt uns seine Waren in die Taschen gleiten.

„Das sind die besten, Chef, glaub mir!"

„Aber warum verkaufst du sie hier? Hier kommt doch niemand vorbei!"

„Ja, stimmt, ihr seid heute die ersten. Und deshalb mußt du mir unbedingt ein paar Mandeln abkaufen, Chef, denn sonst war das heute ein verlorener Tag!"

Man verstummt angesichts einer so unerbittlichen Logik. Und so läuft unser guter Mann mir nichts, dir nichts zu seinem Datsun und kommt wieder zurück mit seinen gerösteten und gesalzenen Mandeln.

Als wir auf der anderen Seite in langen Windungen allmählich wieder ins Tal hinabfahren, kommt mir der Gedanke, daß es vielleicht nicht unbedingt eine gute Idee gewesen ist, bei dieser Hitze geröstete Mandeln zu kaufen. So ein verflixter Kerl – nistet sich im höchsten Gebirge ein, um seine Waren abzusetzen! Ein bißchen wie diese Dörfer, die nun eines nach dem anderen allmählich vor uns auftauchen – hier, im äußersten Norden der unwirtlichen und schwer zugänglichen Bekaa, deren trostlose Mondlandschaften nichtsdestotrotz schon immer von Menschen besiedelt gewesen sind. Manchmal findet sich in einer Geländefalte ein kleiner Bach, der bis zum Anfang des Sommers Wasser führt. Dann ist die Vegetation üppig, und das Grün explodiert in dieser überwiegend mineralischen Landschaft. In Yamouneh ist dieser Anblick so frappierend, daß ich der Versuchung nicht widerstehen kann und von der Straße, die oberhalb des Dorfes verläuft, ein Foto schieße. Während ich die Aufnahme mache, habe ich nicht darauf geachtet, daß links von uns ein Konvoi von Jeeps vorbeifährt. Jetzt aber sehe ich in den Rückspiegel und wittere Gefahr: Zwei Jeeps lassen sich zurückfallen, bis sie mit uns auf einer Höhe sind. Im Näherkommen weisen einige Details darauf hin, daß es sich um Wagen der syrischen Armee handelt: das Aussehen des Fahrzeugs ganz allgemein – ein altes russisches oder tschechisches Modell, verbeult und hundertmal überlakkiert – und außerdem die Fotos der Familie Assad.

„Papiere!"

„Hier, bitteschön!"

Auf französisch sage ich zu Marie, daß wir immer noch im Libanon sind und daß es schon merkwürdig ist, hier von der syrischen Armee kontrolliert zu werden. Seit die Syrer sich aus dem größten Teil des Libanon zurückgezogen haben, passieren einem solche Sachen nur noch in der Bekaa. Allerdings hatten die Syrer schon immer die ärgerliche Angewohnheit, die Bekaa als syrisch zu betrachten. Das erklärt eine ganze Menge.*

„Man darf hier nicht fotografieren. Militärisches Sperrgebiet."

„Ach so?"

„Gib deinen Apparat her."

„Um Gottes willen, Chef, das sind Kinderfotos, schau doch selbst!"

Ein Knopfdruck genügt, und Maguelones lachendes Gesicht erscheint auf dem Display der Digitalkamera.

„Na gut," sagt er, etwas besänftigt, und gibt mir unsere Ausweise zurück.

Und der Konvoi fährt weiter. Laut lachend betrachten wir das nunmehr als Verteidigungsgeheimnis eingestufte hübsche Foto von Yamouneh. Von der militärischen Zone sehen wir nur einen winzigen und recht jämmerlichen Teil: Verschwommen erkennt man ein verfallenes Schilderhäuschen, in dem zwei Jugendliche in unterschiedlichen Kampfanzügen dösen, und ein ramponiertes Pappmodell der Al-Aqsa-Moschee.

Als wir die Peripherie von Baalbek erreichen, biegen wir nach Norden ab. Baalbek und sein Umland ist eine Hochburg der Hisbollah und eine Art Wilder Westen, in dem die schiitische Miliz einen Anschein von Ordnung wahrt. Hier haben während des Krieges Ausbilder im Auftrag der islamischen Republik Iran junge Rekruten in den Techniken der Stadtguerilla und des Selbstmordattentats unterwiesen. Jedenfalls wird man an der Straße, die schnurgerade zum Ende der Bekaa führt, alle fünfzig Meter durch denkbar suggestive Schilder und Plakate daran erinnert,

* Diese Zeilen wurden geschrieben, ehe sich die syrische Armee im April 2005 komplett aus dem Libanon zurückzog.

daß hier die Partei Gottes regiert: bärtige Turbanträger mit ernster Miene, Kalligraphien und an den Kreuzungen kleine Modelle der Al-Aqsa-Moschee. Es drängt uns, von alledem wegzukommen – zu den Christen von Ras Baalbek, denen wir nun einen Besuch abstatten wollen.

Eingezwängt in diese schmale und sich verengende Bekaa-Ebene sind sie die Christen vom Ende der Welt. Das syrische Homs ist näher als Beirut. Aschrafiyya, das schicke Christenviertel von Beirut, ist weit weg. In den Dörfern, durch die wir fahren, sehen wir alte Häuser, die häufig mit Materialien aus byzantinischen Gebäuden erbaut sind. Schwere behauene Quadersteine liegen auf dem Boden oder dienen als Mäuerchen. An einem der Häuser entdecken wir ein Sprossenfenster und darin den Oberkörper einer Frau, die ein Kreuz als Anhänger um den Hals trägt. In Ras Baalbek verfolgen wir eine erprobte und sehr wirkungsvolle Strategie. Zuerst suchen wir einen Glockenturm. Dann stellen wir das Auto ab und spazieren mit den Kindern durch die angrenzenden Gassen. Nach höchstens zehn Minuten wird man todsicher irgendwo hereingebeten.

„*Tfadlo!* Bitte sehr!"

Hinter dem Vorhang einer Tür steht eine Frau und winkt uns zu. Wir nehmen in dem kleinen, bescheidenen Wohnzimmer Platz. An den Wänden hängen bunte Ikonen, und bald kommt der Kaffee. Die Kinder sitzen schon bei den Damen des Hauses auf dem Arm. Im Schwall ihrer Fragen müssen wir uns konzentrieren, um unsererseits ein paar Dinge in Erfahrung zu bringen.

„*Hamdellah,* Gott sei Dank, wir sind hier alle Christen. Griechische Katholiken. Wollen Sie schöne Ikonen sehen?"

Wir gehen in das angrenzende Zimmer, wo der Familienvater arbeitet. Er ist damit beschäftigt, von einer byzantinischen Ikone fünf Kopien gleichzeitig herzustellen. Die Farben, die er gewählt hat, sind schreiend, die Machart eher einfach, doch er kann damit seine Familie ernähren. In jedem Fall ist er einer der letzten in dieser Region. Genauso wie das Geigenbauerpaar, von dem man uns erzählt hat und das heute leider nicht zu Hause ist.

Im Rauch der Zigaretten und in den Strömen von bitterem Kaffee kommt es uns so vor, als hätten wir diese Situation schon hundertmal erlebt. Die orientalische Gastfreundlichkeit – vermutlich das einzige fundierte Klischee, das man im Westen hat – löst bei uns immer wieder dieselben Empfindungen aus. Trotz aller sprachlichen Barrieren, die durch den sehr speziellen Akzent der Bekaa-Bewohner noch verstärkt werden, fühlen wir uns hier zu Hause. Die Zeit steht still, und unsere weitere Reiseplanung liegt in den Händen dieser Christen. Ab und zu kommt ein Nachbar herein, dem unweigerlich eines unserer Kinder in den Arm gedrückt wird. Paul spielt auf der Straße mit einem kleinen Mädchen und stößt hin und wieder mit einem alten Mann in *Sirwal* und *Kufiya* zusammen, der auf dem Weg zur nahegelegenen Kirche ist. Dann kommt Ghousson, eine Christin aus dem Ort. Ihr Vorname bedeutet „die Zweige“ auf arabisch. Mit ihrer Autorität reißt sie die Unterhaltung an sich. Ghousson spricht Französisch, sie hat studiert. Im Dorf gilt sie als eine, die es geschafft und eine gute Partie gemacht hat: Ihr Mann ist Unteroffizier der libanesischen Armee. Nun ist der Zentralstaat zwar arm und seine Funktionäre korrupt, weil schlecht bezahlt, doch die Soldaten genießen die ganze Aufmerksamkeit der Regierung. Hierzulande muß man immer mit einem Staatsstreich rechnen, und der beschwerliche Weg zur libanesischen Einheit führt über eine starke Armee, den Schmelztiegel der Nation.

Ghousson reißt uns von unserer Familie los. Es gibt kein Entrinnen. Es ist uns fast peinlich.

„Sie essen doch bei uns? Kommen Sie, folgen Sie mir, ich wohne auf der anderen Seite von Ras Baalbek.“

Auf verschlungenen Pfaden kommen wir durch die winzigen Gassen des Dorfs, das zu den ersten Ausläufern des Antilibanon hin ansteigt, bei Ghousson zu Hause an. Ihr Mann begrüßt uns, und es folgt ein üppiges Mahl, bei dem das Bier so reichlich fließt, daß wir schließlich ablehnen müssen. Ghoussons Mann hat Glück: Er kauft seinen Sprit zu niedrigen Preisen im benachbarten Syrien gleich auf der anderen Seite der Berge. Er lebt in einem komfortablen Haus, auch wenn der Winter hart ist.

„Und doch ist der Krieg auch bis zu uns gekommen", erzählt er. Einmal hat die syrische Arme hier 32 junge Männer aus dem Dorf exekutiert. Eine Präventivmaßnahme, die die übrigen davon abhalten sollte, sich den christlichen Phalangisten anzuschließen. Damals haben die Syrer das Gebirge unter ihre Kontrolle gebracht.

„Aber wir haben zwei berühmte Marienwallfahrtsorte", wirft Ghousson ein, als wollte sie damit die bösen Erinnerungen verscheuchen.

Anschließend machen wir einen Verdauungsspaziergang durch den Teil des Ortes, der am Ufer eines kleinen Wasserlaufs liegt. Er ist jetzt, mitten im Sommer, praktisch ausgetrocknet. Die beiden Kirchen sind kürzlich restauriert worden, doch ihre Bausubstanz läßt noch die massiven antiken Quader erkennen. Ein junger griechisch-katholischer Priester zeigt uns die Kapelle, in der eine halb verbrannte Marienikone verehrt wird. Sie soll die Kirche auf wunderbare Weise vor einer Feuersbrunst bewahrt haben. Alte Dorfbewohner im traditionellen *Sirwal* kreuzen unseren Weg und schenken uns ein liebenswürdiges Lächeln.

Ghousson begleitet uns, stellt uns jedem Passanten vor, und wieder reicht man uns Süßigkeiten: Diese Menschen, die uns vor wenigen Stunden zum allerersten Mal gesehen haben, behandeln uns schon wie alte Bekannte. Der Nachmittag vergeht in absoluter Sorglosigkeit: im Schatten eines Tores, im Gärtchen des Presbyteriums, unter der Gewölbedecke einer Kapelle.

In diesem trockenen, von Bergen umgebenen Finisterre haben wir drei Fahrtstunden von Beirut entfernt eine große Familie gefunden. Wir wissen, daß wir nicht hierher zurückkommen werden. Erschöpft von der Reise und der Aussicht auf die weite Fahrt, die uns noch bevorsteht, verlassen wir Ghousson nur ungern. Das menschenvergessene Ras Baalbek wird sein friedliches Leben am Ende der Welt wiederaufnehmen.

Gegenüber von Israel

„Denn vom Gipfel der Felsen sehe ich es, von den Höhen aus erblicke ich es: Dort, ein Volk, es wohnt für sich".

Numeri 23,9

Heute morgen ist Mike zu uns gestoßen. Er ist armenischer Herkunft, was sein Name nicht unbedingt vermuten läßt. Er hatte uns versprochen, uns durch diesen seit nunmehr knapp vier Jahren befreiten südlichen Libanon zu begleiten. Auch Toni begleitet uns: Er studiert in Beirut und wird diesen Sonntag bei seiner Familie in Rmaich zu Mittag essen. Rmaich ist eines der christlichen Dörfer des Libanon, die an der Grenze zu Israel liegen.

Nachdem die *Tzahal* 1982 einmarschiert und bis nach Beirut vorgedrungen waren, um Arafat von dort zu vertreiben, wurde der südliche Libanon praktisch annektiert und erst im Jahr 2000 evakuiert, was der Hisbollah die Gelegenheit gab, den Truppenrückzug für sich zu verbuchen und den libanesischen Staat noch mehr zu demütigen, dessen Armee das zurückgewonnene Gebiet nie wirklich in Besitz genommen hat. Das Leben ging weiter während der israelischen Besatzung – im Schatten der Tzahal und der SLA, der südlibanesischen Armee, einer vom jüdischen Staat finanzierten und nacheinander von zwei christlichen libanesischen Generälen kommandierten Miliz.

Es ist eine noch unberührte Region und weniger hügelig als der Norden des Libanongebirges. Nachdem wir anfänglich Richtung Sidon gefahren sind, biegen wir schon bald nach Nabatiyya im Südosten ab, das mitten im schiitischen Gebiet liegt. Fadlallah, Chomeini und Nasrallah, die drei finsteren Bartträger, die von den libanesischen Schiiten verehrt werden, begrüßen, von „Märtyrerportraits" flankiert, die Besucher am Straßenrand. Mike hält mehrmals an, um mir die Großtaten zu übersetzen, die unter den Bildern dieser im Kampf gegen Israel gefallenen Soldaten verzeichnet sind. Zu beiden Seiten der Straße erstrekken sich Felder; es ist die Zeit der Ernte, die hier noch mit der Hand vonstatten geht: Die Ähren werden zu Garben zusammengebunden und mit der Mistgabel bearbeitet. Die Straßen sind in einem erbärmlichen Zustand, holprig und mit Schlaglöchern übersät. In Aaichieh zeigt Toni uns das Haus eines ehemaligen Milizionärs der SLA; es ist in den Farben der Hisbollah beflaggt, grüne Kalligraphie auf gelbem Grund; einer der Buchstaben, die das Wort Allah bilden, endet in der Form einer Kalaschnikow. Aus Nachlässigkeit oder aus irgendeinem anderen Grund hat der neue Bewohner, zweifellos ein Schiit, es versäumt, die Statue des heiligen Elias zu entfernen, die in einer Nische in der Mitte der Fassade steht. Auf der Höhe des Flusses Litani kommen wir an eine erste Straßensperre; die libanesische Armee läßt uns ohne weiteres passieren, nachdem Mike dem Offizier ein nachdrückliches „Bonjour!" zugerufen hat.

„Warum hast du auf französisch mit ihm gesprochen?"

„Ach, weißt du, hier kommen so viele Ausländer vorbei, da machen sie gar keinen Unterschied mehr ..."

Tatsächlich bemerkt man allmählich überall verstreute Stützpunkte der Interimstruppe der Vereinten Nationen im Libanon, der FINUL: Blauhelme, die hier seit zwanzig Jahren den Schlagabtausch beobachten. Nepalesen, Fidschianer, Italiener und auch einige Franzosen, deren weiße UNO-Geländewagen auf den kaputten Straßen patrouillieren und weiße Staubwolken hinter sich aufwirbeln. Als wir weiter Richtung Litani-Schlucht fahren, ist die Straße plötzlich von der libanesischen Armee gesperrt. Alle Welt strömt herbei oder steht abwartend herum. Wir erkundigen uns und erfahren, daß ein von der Europäischen Union finanziertes Minenräumkommando die Minen entlang der Straße räumt, ein kleines Geschenk, das die Besatzer bei ihrer Abreise hinterlassen haben … Genau an diesem schon damals überlasteten Ort hatte mir einige Monate zuvor ein Journalist seine Karte entgegengestreckt und vorgeschlagen, uns auf einer Abkürzung zum düsteren Gefängnis von Chiyam zu bringen, das inzwischen unter der Schirmherrschaft der Hisbollah und ihrer facettenreichen Propaganda zu einem Museum der israelischen Greueltaten auf libanesischem Gebiet umgewandelt worden ist …

Eine halbe Stunde später ist die Straße wieder für den Verkehr freigegeben, und wir nähern uns Dair Mimas, einem hochgelegenen Dorf, das der Burg Beaufort auf der anderen Seite der tiefen Litani-Schlucht gegenüberliegt. Auf dieser Kreuzfahrerburg mit dem Aussehen einer Katharerfestung weht nun die Fahne der Hisbollah, nachdem sie lange Zeit ein strategischer Stützpunkt der Israelis gewesen ist. In Dair Mimas gibt es nur Christen, Maroniten und Orthodoxe, insgesamt zweihundert Menschen: Souha Bechara stammt von hier, eine Christin der kommunistischen Partei des Libanon, die mit zwanzig Jahren versucht hatte, General Lahad, den Befehlshaber der südlibanesischen Armee, zu töten, und unter entsetzlichen Bedingungen zehn Jahre im Gefängnis von Chiyam verbrachte. Wir beschließen anzuhalten, um uns ein wenig auszuruhen und die Bewohner des Ortes kennenzulernen. Auf den Häusern sind noch die mit Malerfarbe aufgetragenen hebräischen Inschriften erkennbar, die, wie Mike mir erklärt, unter den Israelis den Grundbucheintrag ersetzten. Aus Ibrahims Bäckerei dringt der köstliche Duft von *Manakisch,* jenen kleinen Fladen, die man hier morgens mit Öl und gemahlenem Thymian ißt. Aber Ibrahim erweist sich nicht als sehr gesprächig. Wie das Leben hier unter der israelischen Besatzung war?

„Ich will nicht antworten ...“

„Ich war nicht da“, legt seine Frau nach. „Fragen Sie den Alten gegenüber.“

Der graubärtige Scharbel sitzt im Garten.

„Das ist Vergangenheit, ich habe alles vergessen. Aber es stimmt schon, finanziell war das Leben weniger hart, man trieb Handel mit Israel, wir alle, auch die Muslime. Es war mehr Geld da.“

„Und nach der Befreiung? Hat es da Repressalien gegeben?“

„Nein, die Hisbollah hat uns gut behandelt, es gab keine Probleme, wir hatten hier wenig Kollaborateure“, versichert mir Scharbel.

Als wir durch hundertjährige Olivenbäume zum Fluß hinuntergehen, stoßen wir auf die Baustelle eines ganz kleinen Klosters, wo ein bärtiger Priester arbeitet. Ein Mann hilft ihm. Die winzige Kirche und ihre Esplanade liegen zu Füßen der Burg Beaufort und waren während der Besatzungszeit ein Stützpunkt der FINUL. Derzeit bringt der junge Pater Sergeij, ein Orthodoxer, der aus Safita in Syrien stammt, seine Tage damit zu, mit seiner Schubkarre, seiner Betonmischmaschine und seinem Hund das Kloster wieder aufzubauen. Manchmal – wie heute – hilft ihm einer der Dorfbewohner.

Pater Sergeij erzählt uns die Geschichte des heiligen Tierbändigers Mammas, der dem Dorf Dair Mimas seinen Namen gegeben hat. Mammas, ein junger Christ aus Palästina, weigerte sich mit zwölf Jahren, den heidnischen Göttern zu opfern. Er wurde einem Löwen vorgeworfen, den er jedoch zähmte und auf dessen Rücken er von Jerusalem hierherkam, um eine Einsiedelei zu gründen. Pater Sergeij hält mir eine Ikone des heiligen Tierbändigers entgegen, der ein Lamm in den Armen hält und auf einem friedlichen Löwen reitet.

„Sehen Sie nur, was für einen schönen Blick man von hier aus hat“, sagt er und weist auf die Ruinen der Burg

Beaufort in der Ferne und den blühenden Steingarten, den er angelegt hat.

Dann nimmt er wortlos seine Schubkarre mit Zement wieder auf. Sein abgemagerter Hund folgt ihm auf den Fersen ...

Wir sind kaum einen Kilometer Luftlinie von der israelischen Grenze entfernt. Unsere Reiseroute wird uns ab jetzt fast achtzig Kilometer in westlicher Richtung an dieser Grenze entlang zur Küste führen. An dieser Strecke liegen einige verstreute christliche Dörfer. Doch de facto herrscht im Süden die Hisbollah, die hier eine ganze Palette von Dienstleistungen garantiert wie den Straßenbau (der nicht unbedingt Priorität zu haben scheint), das Gesundheitswesen und natürlich den Widerstand und die damit verbundene Propaganda (die sehr viel ausgeprägter und offensichtlicher ist). Die Grenze ist ganz nah, und anders, als man vielleicht annehmen möchte, ist sie keineswegs beeindruckend. Ein einfacher Stacheldrahtzaun, kein Niemandsland, die Felder sind bis zum Zaun bewirtschaftet. Manchmal sind die funkelnagelneuen israelischen Dörfer nur knapp zweihundert Meter entfernt. In Abständen, von Hügel zu Hügel, sind Wachtürme, jedoch hüben wie drüben keine bewaffnete Präsenz zu erkennen. Und noch etwas ist auffällig: der Kontrast zwischen den beiden Seiten der Grenze. Auf israelischer Seite sind die Hügel grün, die ebenen Stellen landwirtschaftlich genutzt, das Wasser wirkt hier Wunder. Auf libanesischer Seite vermitteln der steinige Boden und die Olivenbäume einen deutlich trockeneren Eindruck. Toni, der seine Heimatregion kennt wie seine Westentasche, zeigt uns hinter jedem Felsen, hinter jedem Busch die Stützpunkte der Hisbollah. Die islamistische Miliz hat die Bewirtschaftung bestimmter grenznaher Agrarparzellen verboten, um dort Beobachtungsposten einzurichten ... oder Schützen zu positionieren.

„Seht ihr den kleinen Wald da drüben? Man darf ihn nicht betreten, da haben sie eine Flak stehen. Als ich ein Junge war, haben mich die Milizionäre einmal verwarnt."

Die Tatsache, als Kind von bärtigen Hisbollahkriegern erwischt worden zu sein, hätte für mich etwas Traumatisches, aber Toni lacht beinahe darüber, denn die Dinge sind hier komplizierter und vor allem sehr verwirrend. In Bint Dschubail zum Beispiel, wo wir Geld abheben wollen, werden wir von einer israelischen Granatensalve begrüßt, die auf ein stillgelegtes Gebäude am Ortsende niedergeht. Wird es Krieg geben? Was wird die Hisbollah tun? Von allen Seiten wird geschossen, und wir gehen hier mit den Kindern spazieren!

Doch die Minuten vergehen, ohne daß die Hisbollah reagiert. Der Verkehr ist auch nicht zum Erliegen gekommen. Genaugenommen sind wir die einzigen, die überhaupt den Kopf gedreht haben.

„Das ist Routine, sie spielen Katz und Maus, aber jeder vermeidet es tunlichst, die rote Linie zu übertreten", erklärt uns Mike.

Die Straße ist unvermindert schlecht, deshalb fahren wir langsam und betrachten die Landschaft. Zwischen den Wiesen, auf denen hier und da Pferde grasen, erstrekken sich in kleine Parzellen unterteilte Tabakfelder. Von Zeit zu Zeit erhebt sich auf einem Hügel eine scheußlich schrille Luxusvilla. Ein Brauch der aus Afrika emigrierten Schiiten, die sich, nachdem sie ein Vermögen verdient haben, diese kleinen Paläste bauen lassen – nach Möglichkeit nur ein paar Meter von der Grenze entfernt, um den Feind zu provozieren.

Die Ankunft in den Dörfern ist unbeschreiblich. Am Ortseingang hängen in der Regel die Portraits schiitischer Würdenträger, flankiert von ganzen Bündeln der allgegenwärtigen gelb-grünen Fahnen des islamischen Widerstands. Und auf der Verkehrsinsel im Kreisverkehr steht häufig – gleichsam als I-Tüpfelchen – ein israelischer Panzer oder Lieferwagen, der dem Feind abgenommen oder von ihm einfach stehengelassen worden ist, und auch er ist in den Farben der Miliz lackiert und beflaggt. Das erste Dorf hinter Bint Dschubail stellt in seinem Kreisverkehr eine besondere Attraktion zur Schau: einen Radpanzer. Er ist in einem erbärmlichen Zustand, und seine Kanone weist Richtung Israel. Mike übersetzt mir die Worte auf dem Spruchband: „Töten ist für uns Gewohnheit."

Etwas weiter, in Baoubab Fatima, stoßen wir entlang der Grenze auf eine Anlage der Hisbollah. Am Schauplatz des ersten Selbstmordattentats, das die Miliz in den Achtzigerjahren gegen ein israelisches Fort verübt hat, erblikken wir ein tragikomisches Szenario, eine Mischung aus Propaganda und Freizeitpark. Willkommen im Disneyland der *Moqawama al Islamiya,* des islamischen Widerstands! Zwanzig Zentimeter von dem Zaun entfernt, der die beiden Länder trennt, erinnert ein riesiges Farbfoto in Plakatgröße an die Heldentaten des Selbstmordkommandos, während am Ende eines beflaggten Barackenlagers leistungsstarke Lautsprecherboxen martialische mehrstimmige Gesänge Richtung Israel schmettern. Gegenüber kann man Süßigkeiten, Hassan-N.-T-Shirts mit Nasrallahs Konterfei, Fahnen und kleine Plastikpanzer kaufen. Und schließlich sind da noch – als Gipfel des Vergnügungsangebots – zwei Standbilder, eines von Scharon und eines vom Stabschef der *Tzahal,* die man mit Steinen bewerfen darf. Seit der Befreiung kommen die Libanesen busseweise mit ihren Familien hierher. Man schlendert friedlich am Zaun entlang und wirft einen neugierigen Blick auf die Häuser der israelischen Siedlungen mit ihren orangen Ziegeln, die keine hundert Meter entfernt sind.

Wir fahren weiter die Grenze entlang, und die Ortschaften reihen sich aneinander. Zum Mittagessen werden wir bei Tonis Familie in Rmaich erwartet, dem südlichsten der christlichen Dörfer. Hier hat sich die militante Dekoration der Hisbollah nicht durchgesetzt: keine einzige Fahne, kein einziges Propagandaplakat. Eine große Statue Unserer Lieben Frau von Lourdes empfängt uns am Ortseingang in einer blumenumrankten Nische. Sie thront im zentralen Kreisverkehr, dahinter liegt ein Sumpf, in dem Enten planschen. Israel ist nur wenige Kabellängen entfernt.

Als wir das kleine Wohnzimmer betreten, werden wir von Abu Toni schüchtern begrüßt. Diese Familie einfacher Christen ist immer hier geblieben, sogar während der Besatzungszeit. Tonis Vater, Unteroffizier im Ruhestand, ist Mitglied im Gemeinderat. Tonis Mutter hat ein lukullisches Mittagessen vorbereitet: Brathähnchen, *Fatusch, Sudschuk,* gegrilltes Hammelfleisch, *Hummus,* kleine gefüllte Pasteten, dazu Bier und Arak. Tonis Bruder ist Metzger, er macht das beste Fleisch im ganzen Süden, wie es scheint ... Die Kinder werden, wie üblich, von Arm zu Arm gereicht. Tonis Schwester stellt auf der Grundlage leicht kitschiger Bilder moderne Ikonen her, und Maguelone bekommt mit den üblichen Segensworten drei davon geschenkt.

„*Esmo essalib,* im Namen des Kreuzes", sagt sie und klopft auf Holz.

Um auch am Monatsende über die Runden zu kommen, baut die Familie Tabak an, der zu einem lächerlichen Preis an die Nationale Tabakgesellschaft verkauft wird. Die Blätter sind zum Trocknen an Schnüren aufgereiht. Sie werden vor Sonnenaufgang gesammelt, ehe der klebrige Saft, den sie absondern, in der Sonne verdunstet.

Abu Toni informiert mich über die Situation dieser christlichen Dörfer im Süden. Auch hier scheint die Hisbollah sie gut behandelt zu haben.

„Als die Israelis da waren, haben alle davon profitiert, früher war es besser", erklärt er mir. „Die Hisbollah hat uns keine besonderen Maßnahmen auferlegt, sie haben uns nur verboten, bestimmte Parzellen entlang der Grenze zu bewirtschaften."

Aus Scham und Resignation beklagt sich der Mann nie. Die Lebensbedingungen während der Besatzung waren durchaus nicht ganz unkompliziert. Es war äußerst schwierig, aus der von Israel kontrollierten Zone in den sogenannten freien Libanon zu gelangen. Die *Tzahal* und ihre Miliz gewährten die betreffenden Genehmigungen nur sporadisch und nahmen solchen Anträgen in der Regel durch Wartezeiten von über einem Monat den Wind aus den Segeln.

Im Südlibanon leben noch zehntausend Christen, doch seit der Befreiung sind zweitausend von ihnen emigriert. Abu Toni erzählt mir vom Nachbardorf, in dem nur noch zehn Prozent der Einwohner Christen sind – vor fünfzig Jahren waren es 75 Prozent. Der Islam wird als Bedrohung empfunden, die Beziehungen sind frostig.

Gerne hätten wir uns noch stundenlang bei dieser Familie aufgehalten und in der warmen Sonne unter dem Weinlaub gesessen, doch die Straße ruft. Wir versprechen uns ein Wiedersehen, und das Auto entfernt sich. Toni und seine Familie lassen wir auf der Schwelle ihres Hauses zurück. Sie winken uns mit den Händen nach.

Wir müssen noch 25 Kilometer nach Westen fahren, um in Naqura, der letzten Ortschaft an der unterbrochenen Straße nach Israel, ans Meer zu gelangen. Ein Kontingent französischer Blauhelme der FINUL bewacht den Zugang. Die Ordonnanz ist bezaubernd und blond. Noch nie sind uns Kampfanzug und Barett so kleidsam erschienen. Mike ist hingerissen und ruft ihr entgegen:

„Ich hab' hier ein paar Landsleute von Ihnen im Auto!"

Doch es bringt ihm nichts ein außer dem vorschriftsmäßigen militärischen Gruß. Mit breitem Lächeln läßt sie uns passieren, und wir fahren einige Meter durch

Niemandsland. Das Meer ist herrlich in der untergehenden Sonne, die Wellen brechen sich an den Felsen, die Strände sind wunderschön, aber leer. Schon bald müssen wir wieder umkehren.

Wunderbarer Fischfang in Tyrus

„Von dort zog sich Jesus in das Gebiet von Tyrus und Sidon zurück."

Evangelium nach Matthäus 15,21

Bis nach Tyrus, unserem letzten Etappenziel im Südlibanon, ist es noch eine gute halbe Stunde. Vor seiner Eroberung durch Alexander den Großen war Tyrus eine kleine Insel in sicherer Entfernung von der phönizischen Küste. Der mazedonische General, der Pragmatiker war, ließ einen Damm bauen, um die Stadt belagern zu können. Seither liegt Tyrus auf dem Festland, und die von Säulen und Oleanderbüschen gesäumte Allee, die zum Meer führt, ist einer der romantischsten Orte, die man sich vorstellen kann. Die Griechen und die Römer hatten ein sicheres Gespür für Ästhetik: der Himmel, das Meer, eine Säulenreihe – mehr braucht es nicht, um zu zeigen, wer der Sieger ist.

Isabelle, eine Französin, arbeitet hier seit zwei Jahren an einer maronitischen Schule. Mit ihrem baskischen Akzent und ihrer melodischen Stimme hat sie der winzigen christlichen Gemeinde von Tyrus, die trotz der starken Emigration in den Nordlibanon oder ins Ausland fortbesteht, geholfen, so gut sie konnte. Ihre Schule, die der Zuständigkeit des maronitischen Bischofs von Tyrus untersteht, wird zu über neunzig Prozent von muslimischen Schülern besucht. Sie ist nicht teuer und genießt einen ausgezeichneten Ruf. Die schulfreien Tage richten sich nach der muslimischen Mehrheit: An Freitagen, aber auch an Sonntagen findet kein Unterricht statt. Der Cousin des Generalsekretärs der Hisbollah ist selbst Französischlehrer an dieser Schule. Lachend erzählt uns Isabelle, wie oft man versucht hat, sie zum Islam zu bekehren, wenn sie bei einer der schiitischen Familien von Tyrus zum Essen eingeladen war.

Am Abend blicken wir von ihrem Balkon aus aufs Meer und denken an jene Christen, die trotz allem hierbleiben – in einer Armut, wie man sie in Beirut und weiter im Norden ganz sicher nicht kennt. Arbeitslosigkeit, Alkoholismus: das gemeinsame Los aller armen Bevölkerungsgruppen. Das Zusammenleben mit den Muslimen funktioniert gut, aber nur unter bestimmten Bedingungen. Die Frage der gemischten Partnerschaften ist nach wie vor sehr problematisch, weil der durch die Familie ausgeübte Druck es dem christlichen Partner unmöglich macht, die Kinder in seiner Religion zu erziehen – nicht einmal dann, wenn der muslimische Partner damit einverstanden wäre. Solche Streitigkeiten können zuweilen sogar in Gewalttaten ausarten, auch wenn das libanesische Gesetz im Namen der Ehre begangene Verbrechen zumindest theoretisch ahndet.

Am nächsten Tag sind wir in der Altstadt von Tyrus mit Mario verabredet, der an derselben Schule arbeitet wie Isabelle. Mario ist am griechisch-katholischen Priesterseminar, Musiker, vielsprachig und Sohn eines Fischers. In Tyrus wird das Fischereihandwerk von den Christen kontrolliert, die, wie so oft im Orient, in der Altstadt leben. In dem kleinen künstlichen Hafen ankern Holzschiffe mit nachträglich eingebauten Dieselmotoren. Die maronitische Bischofskirche liegt dem Hafen gegenüber inmitten alter Häuser, die zum Teil noch Spuren des Krieges aufweisen. Ein gutgehendes Hisbollah-Souvenirgeschäft verbreitet über Lautsprecher seine martialischen Gesänge. Am Hafen treffen wir Mario, der uns aufs Meer hinausfahren will. Der Kinderwagen wird aufs Bott gehievt, wir steigen ein, und Mario wirft ein paar hundert Meter vor der Küste den Anker. Unter dem kristallklaren Wasser erkennt man römische Überreste: Säulen, Kapitelle und Scherben jeder Art.

Mario will Priester werden und sieht der Zukunft gelassen entgegen.

„Weißt du, ich kenne mehrere Scheichs hier, sie haben überhaupt kein Problem damit, daß Muslime bei uns auf die Schule gehen. Für sie ist das sogar eine Qualitätsgarantie“, vertraut er mir zwischen zwei Kopfsprüngen an. „Die Muslime hier wissen, daß sie uns brauchen, genauso wie wir sie brauchen, um zu existieren. Solange wir keine Sunniten sind …“ Er lacht.

Unser Ausflug, der eigentlich nur eine Stunde dauern sollte, zieht sich in die Länge. Zu uns stößt ein Freund von Mario, der amerikanische Libanesen begleitet. Joe ist Chirurg in Chicago und seit fünfzehn Jahren nicht mehr in Tyrus gewesen. Wie viele der Christen aus dem Süden ist er vor dem Krieg geflohen und macht in den Staaten ein Vermögen. Es ist sein erster Urlaub seit fünf Jahren. Big Joe ist glücklich und ein fröhlicher Typ, auch wenn er an seinen 130 Kilo schwer zu tragen hat. Ein großes goldenes Kreuz prangt auf seiner massigen Brust. Er spricht fast kein Arabisch mehr und wendet sich auf englisch an uns. Bier, Zigaretten und frische Mandeln werden herumgereicht, die Sonne knallt, und wir springen regelmäßig ins Wasser. Joe ist hin- und hergerissen zwischen dem friedlichen Leben hier mit seinen einfachen Vergnügungen und der amerikanischen Gesellschaft mit ihrem Höllentempo.

„Im Grunde bin ich kein richtiger Libanese mehr“, gibt er verlegen zu. „Du kennst den Libanon besser als ich. Ich werde nicht zurückkommen, um hier zu leben.“

Paul und Maguelone sind im Schatten unter einer Bank an Deck eingeschlafen, und der Nachmittag vergeht mit Schwimmen, Knabbereien und Gelächter. Sonnenverbrannte Jungen kommen vom Fischfang zurück und zeigen uns stolz ihre Beute. Das Leben ist ruhig in Tyrus; die Stadt erholt sich von den verrückten Jahren der Zerstörungswut und Demütigung. Als wir wieder in den Hafen einlaufen, geht die Sonne gerade im Meer unter. Der Glokkenturm der erzbischöflichen Kirche ist in Licht getaucht, als wir uns von Mario verabschieden.

Auf dem Weg nach Beirut

„Mein Libanon ist eine ruhige und ehrwürdige Anhöhe zwischen Meeren und Ebenen …“

Khalil Gibran, *Mon Liban*

Von Tyrus nach Sidon ist es nur ein Katzensprung. Hinter der verfallenen Meerseite des antiken Sidon steigt die Straße steil zu den bewaldeten Anhöhen an, die die Stadt beherrschen. Wir sind unterwegs zu den melkitischen Mönchen des Erlöserklosters. Mitten in einem von Pinien bewachsenen Gebirge erhebt sich das jahrhundertealte Kloster, ein großer Kasten vom Anfang des 18. Jahrhunderts, in dem sich auch eine Schule befindet. Trotzig bietet das Kloster dem Meer die Stirn. Die Gründung an diesem Ort ist das Resultat eines nicht ganz alltäglichen Vorfalls. Es heißt, einige Mönche hätten, als sie in diesem Teil des Gebirges unterwegs waren, versehentlich einen Unfall mit einer Schußwaffe verursacht. Einer der Protagonisten habe aus Neugier das Gewehr eines anderen in die Hand genommen und ungewollt einen Schuß abgefeuert, der seinen Mitbruder getötet hätte, wenn der unglückliche Schütze nicht im selben Moment ein Gebet zum Erlöser, *el Moukhales,* ausgestoßen hätte – etwa so, wie andere in einer ähnlichen Situation einen Fluch ausstoßen würden. Also habe die Kugel, so erzählt man sich, lediglich die Soutane des Ordensmanns gestreift. Sogleich beschloß man, am Schauplatz des Wunders eine Wallfahrtskirche zu errichten. Das war 1711.

Was für eine Wohltat, nicht die kleinste Spur von Beton zu erblicken. Der größte Teil der umliegenden Ländereien gehört dem Kloster, das eifersüchtig über sie wacht. Männer hangeln sich mit akrobatischen Verrenkungen bis in die höchsten Spitzen der Pinienbäume, um die kostbaren Zapfen zu ernten, die dann in den Suqs von Sidon verkauft werden. Von der Terrasse des Klosters aus fällt das von Pinien und Olivenbäumen bestandene Gelände sanft zum Meer hin ab.

Hier spricht man Französisch. Wir essen mit den Mönchen zu Mittag. Da ist Abuna Makarios, der Musiker und Komponist des Klosters, der byzantinischen liturgischen Gesang unterrichtet, mit seinem langen schwarzen Bart und seinem Dutt. Und Pater Fayez, der Archivar des Klosters und frühere Pfarrer von Saint-Julien-le-Pauvre, der Tag und Nacht in der Bibliothek über seinen alten Handschriften sitzt. Und schließlich die beiden fröhlichen jungen Seminaristen, die die Mißbilligung ihrer älteren Mitbrüder erregen, weil sie die einfachen Gerichte, die die im Kloster angestellten Frauen zubereitet haben, so gierig hinunterschlingen. Beim Kaffee sucht einer der ältesten Mönche, der aussieht wie der heilige Nikolaus, in seinen Taschen nach Süßigkeiten, weil Paul sich bettelnd an seine Soutane klammert, während Abuna Makarios versucht, unserem Kleinen ein paar weitere arabische Wörter beizubringen.

Die Mönche des Erlöserklosters üben auf die griechischen Katholiken im Libanon und in Syrien großen Einfluß aus. Das Kloster ist ein Schmelztiegel des Ordens der Basilianer-Salvatorianer, eines der drei religiösen Zweige der griechisch-katholischen Kirche. Seine Liturgie ist an Festtagen besonders feierlich. Die Liturgie des heiligen Johannes Chrysostomos macht sich ganz prächtig in dieser alten Kirche. Ich erinnere mich, wie ich im Vorjahr hier die Karwoche verbracht und jeden Tag am Stundengebet teilgenommen habe. Im byzantinischen Ritus wird der Karfreitag im Gegensatz zu der Trauer, die im römischen Ritus vorherrschend ist, prunkvoll gefeiert. Der Zelebrant hatte ein Christusbild von der Wand genommen, es auf

Blumen gebettet und mit einem purpurnen, goldbestickten Grabtuch bedeckt, das sodann inmitten von Weihrauchschwaden und unter den ernsten Gesängen der Vorsänger verehrt wird.

Eines Morgens beim Stundengebet wurden wir Zeugen eines ungewöhnlichen Spektakels. Im Chor genau vor der Ikonostase befindet sich das für die Mönche reservierte Chorgestühl mit dem für den Superior bestimmten Platz, der von einer hölzernen, von einem Kreuz gekrönten Kuppel überwölbt wird. Die großartigen Gesänge stiegen schon eine ganze Weile zur Kirchendecke empor, als ein Mann mit schnellen Schritten hereinkam und am Thron des Superiors hochzuklettern begann. Oben auf der Kuppel ließ er sich nieder, lehnte sich mit dem Rücken ans Kreuz und ließ die Beine baumeln. So verbrachte er mit gekreuzten Armen und starrem Blick die gesamte Matutin. Wutentbrannt befahl ihm der Superior, herunterzukommen.

„Niemals!" versetzte der andere.

Das Stundengebet wurde dennoch fortgesetzt. Die Seminaristen mußten sich zusammenreißen, um nicht laut loszulachen. Am Ende der Matutin versammelten wir, die Seminaristen und ich, uns um den Sitz des Superiors und versuchten, den Akrobaten zur Vernunft zu bringen. Irgendwann kletterte der Mann ebenso behend, wie er hinaufgestiegen war, wieder herunter, floh nach draußen und sprang von der Terrasse des Klosters aus zehn Meter in die Tiefe, ohne sich etwas zu brechen. Der Superior war ein Schauspiel für sich: Er schäumte und schrie, er werde die Polizei rufen, während die jungen Postulanten ihn anflehten, nichts zu unternehmen, denn die Polizisten würden den Unglücklichen unweigerlich verprügeln, damit er die Lust an solchen Streichen ein für allemal verlor.

Damals erklärte man mir, daß dieser arme Junge, der so etwas wie der Dorftrottel war, sich seit seiner Kindheit nichts sehnlicher wünschte, als Mönch im Erlöserkloster zu sein. Im Nachbardorf Dschun hatte er nichts anderes kennengelernt. Er war immer mit seinen Eltern hierher zur Messe gekommen und träumte von nichts anderem als von schwarzen Gewändern und langen Bärten. Mehrmals hatte man ihn dabei erwischt, wie er in kirchlichen Gewändern durch die Gassen seines Dorfs stolzierte. Schließlich war er alt genug, um sich im Kloster als Postulant zu bewerben. Er kassierte eine Absage nach der anderen, bis man ihn schließlich provisorisch als Laienbruder aufnahm. Es war eine Katastrophe gewesen, und die Mönche hatten seine Familie gebeten, ihn wieder abzuholen. Seither erregte er mit seinen Versuchen, zurückzukehren, den Zorn des Superiors und die Heiterkeit der Jüngeren. Am nächsten Tag erzählte mir der junge Mönch traurig, die Polizei hätte ihn geschnappt.

Der Bürgerkrieg hatte das Kloster schwer in Mitleidenschaft gezogen. Die Mönche behandeln dieses Thema in der Regel sehr diskret. Seit seiner Erbauung 1711 wurde es mehrmals – 1777, 1791, 1841, 1854 und 1860 – angegriffen und geplündert. Im April 1985 besetzten die drusischen Milizen der Progressiv-Sozialistischen Partei (sic) unter Führung von Walid Dschumblat das Kloster und verjagten die Mönche. Die ehrwürdigen arabischen Ikonen wurden geraubt und ein Teil der Bibliothek in alle Winde verstreut. Das Seminar für Priesteramtskandidaten stellte während des Krieges den Lehrbetrieb ein: Die jungen Leute wurden nach Rom geschickt, um ihr Studium dort fortzusetzen. Nach dem Krieg trauerte man vor allem um die kostbaren Ikonen. Eines Morgens kam Walid Dschumblat persönlich und brachte sie zum Zeichen der Versöhnung zurück. Es fehlte keine einzige, denn, so versicherte mir einer der Mönche, der Führer der PSP sei ein großer Kunstliebhaber und habe sie bei sich zu Hause auf dem Landsitz der Familie Dschumblat in al-Muchtara im Bezirk Chouf sehr sorgfältig aufbewahrt.

Die Straße, die uns nach Beirut zurückführt, verläuft schnurgerade. Sie folgt dem Küstenverlauf von Süden nach Norden. Einige Kilometer vor Beirut führt sie unterhalb von Damur vorbei, einer echten Gespensterstadt. Nicht weit von unserem Zuhause, in Mansourieh, auf der anderen Seite einer der Schluchten, die die ersten Ausläufer des libanesischen Gebirges durchschneiden, haben wir oft einen alten Bekannten besucht, Pater Mansur Labaky. Er hat uns in seinem Heim Notre-Dame-du-Sourire immer väterlich aufgenommen. Doch das Schicksal hat es nicht immer gut mit ihm gemeint. Pater Mansur Labaky hatte seinen Priesterdienst als Pfarrer von Damur begonnen. In den ersten Monaten unseres Aufenthalts im Libanon war ich immer beeindruckt von dieser Stadt, die sich düster über der Autobahn erhebt und in der kein einziges Haus bewohnt zu sein scheint. Damur ist eines der stärksten Symbole für die Gewalt, die während des Bürgerkriegs entfesselt worden ist. Eines Morgens im Januar 1976 hatten die Palästinenser Schulter an Schulter mit arabischen Freiwilligen aus den Nachbarländern die kleine Küstenstadt brutal dafür bestraft, daß sie christlich war und den Zugang nach Westbeirut versperrte. Eine Art christliches Oradour-sur-Glane, bei dem Hunderte von Frauen, Kindern und alten Leuten, die sich in den Kirche verschanzt hatten, brutal niedergemacht, ermordet und vergewaltigt wurden, während einige Überlebende über das Meer entkamen. Pater Labaky hatte während der Belagerung der Stadt alle Hebel in Bewegung gesetzt und sogar mit Arafat telefoniert und ihn angefleht, etwas zu unternehmen. Er hatte seine Pfarrkinder auf ihrer Flucht über das Meer begleitet und bis zuletzt mit ihnen gebetet. Nach der Plünderung der Stadt war er zurückgekommen, um die zum Teil entsetzlich verstümmelten Leichen zu bergen und 600 seiner Gemeindemitglieder ein würdiges Begräbnis zu gewähren. Der alte christliche Friedhof war zerstört, die Särge ausgegraben und aufgebrochen worden. Die Grüfte waren geöffnet, die Leichname ihres Schmucks beraubt und ihre Knochen in den von der Brandschatzung verwüsteten Straßen verstreut worden.

„Am nächsten Morgen lief ich trotz der Bombardements zu einem der Häuser, um die Überreste unserer Leute zu bergen. Eine ganze Familie war getötet worden, vier Kinder, die Mutter, der Vater und der Großvater. Die Mutter hielt noch eines der Kinder in ihren Armen. Und sie war schwanger. Die Augen der Kinder waren herausgerissen und ihre Glieder abgeschnitten worden. Sie hatten keine Arme und keine Beine mehr. Es war furchtbar ..."

Er hatte seine Berufung entdeckt und machte aus diesem entsetzlichen Massaker ein Zeichen der Hoffnung inmitten der entfesselten Gewalt des Krieges. Seine einzigen Waffen waren Barmherzigkeit und Liebe. Das Waisenhaus Notre-Dame-du-Sourire (Unsere Liebe Frau des Lächelns), das er für die Kleinsten unter seinen Pfarrkindern gegründet hatte, wurde später zu einem Heim für alle Waisenkinder, Christen wie Muslime. Ein einziges Wort, die Hoffnung, und ein einziges Symbol, die lächelnde Jungfrau, die über dem Eingang zum Waisenhaus thront, in den Höhen über Beirut.

Pater Labaky ist ein Mann aus dem christlichen Libanon. Er ist rundlich und jovial, und wenn er Französisch spricht, glaubt man, einem Dichter zuzuhören, so genießerisch läßt er sich jedes Wort auf der Zunge zergehen. Der Verfasser mehrfach preisgekrönter Bücher und Coautor eines Films über den Libanon ist ein unermüdlicher und hoffnungsvoller Pilger der libanesischen Sache. Er ist ein Musiker, der seinesgleichen sucht, und verfaßt maronitische liturgische Gesänge. Oft habe ich gesehen, wie Kinder auf seinen Knien saßen und er ihnen arabische Marienlieder beibrachte. Mit seiner Kontaktfreudigkeit hat er im Lauf der Jahre in der ganzen Welt ein Netz von

Persönlichkeiten geknüpft, die er mit seiner charmanten und redegewandten Art für die maronitische Sache gewonnen hat. Er hat eine unglaubliche Ausstrahlung und erzählt gerne von seinen Erlebnissen. Eines Abends, als er gerade von einem offiziellen Empfang kam, bei dem der französische Botschafter ihm das Kreuz der Ehrenlegion verliehen hatte, schilderte er mir diese Szene aus einer anderen Zeit.

„Denk dir nur, der französische Botschafter! Wir sind im Jahr 2004! Nach der Zeremonie hat er an der Danksagungsmesse teilgenommen. Er und seine Frau haben in der ersten Bank gesessen. Und ich habe ihm die Kommunion gereicht …"

Für Pater Labaky können „nur die Liebe und die Vergebung das Blutvergießen dieser Welt eindämmen und die Spirale der Rache durchbrechen." Und das Lächeln, sein Lächeln, möchte man hinzufügen, das er immer auf den Lippen trägt …

SYRIEN
Christen von Baschars Gnaden

Auf dem Weg nach Damaskus

„Ich bin in Damaskus angekommen, dem alten, vornehmen, berühmten Damaskus."

Wilhelm von Boldensele, *Liber de quibusdam ultramarinis partibus et praecipue de Terra sancta,* 1335

„Bist du sicher, daß wir nichts vergessen haben?"

„Wir haben sowieso keinen Platz mehr, sogar die Vertiefung für den Ersatzreifen ist voll."

Die Bergamotte! Ich hole sie schnell noch ..."

Und so kommt es, daß wir mit einem Blumentopf auf der vorderen Armlehne unsere Fahrt antreten. Im Orient ist es üblich, für jemanden, der abreist, Blumen oder aromatische Pflanzen zu pflücken und sie ihm an der Türschwelle als Abschiedsgeschenk zu überreichen. Jasmin, Gardenien, Thymian – man gibt dem Gast einen Duft mit auf den Weg. Unsere Bergamotte kam aus Dair el-Qamar, einem in Pinienwäldern und Olivenhainen gelegenen christlichen Dorf in den drusischen Bergen. Georg, ein alter Melkit mit blauen Augen, hatte sie uns zum Abschied in die Hand gedrückt. Sobald sie sich auf unserer Terrasse ein wenig eingewöhnt hatte, verbreitete sie beim leichtesten Windhauch ihren intensiven Duft. Sie wird uns bis nach Frankreich begleiten.

Wir verlassen den Hügel von Dschamhur, ohne es ganz zu begreifen. Nachdem wir zwei Jahre auf dieser Anhöhe oberhalb von Beirut gelebt haben, lassen wir das 1953 von den französischen Jesuiten gegründete Gymnasium, seine Schüler und seine Lehrer hinter uns, die uns zwei Abende zuvor so unendlich herzlich verabschiedet haben. Den letzten Abend hatten wir für unser geliebtes Beirut, seine malerischen Gassen, die wir inzwischen auswendig kannten, und für Stéphanie und Delphine reserviert – die Glücklichen durften noch bleiben! – und ganz unten, in der Nähe der *Corniche*, verbracht. Schon jetzt haben wir Heimweh. Aber wir trösten uns damit, daß die Trennung auf diese Weise nicht so abrupt sein wird, wie wenn wir das Flugzeug genommen hätten. Im Flugzeug schmelzen zwei Jahre voller Erinnerungen auf einen einzigen Vormittag zusammen. Die 6000 Kilometer, die wir noch zurückzulegen haben, machen Hoffnung auf einen sanften Entzug.

Heute morgen heißt unser Ziel Damaskus. Das leise Schnurren unseres V8 führt uns zunächst in den Chouf, in drusisches Gebiet, und wir reihen uns ein in die Kolonne der Lastwagen, die zwischen Beirut und Damaskus verkehren und nicht zögern, sich auf der steilen Straße durch das Gebirge der Feudalherren Dschumblat auch noch gegenseitig zu überholen. Hier wachsen Olivenbäume Seite an Seite mit Schwarzkiefern. Man trifft auf merkwürdige rothaarige Riesen mit gewaltigen Schnurrbärten und so hellen Augen, daß man den Blick abwenden muß. Sie sind stolz, diese Drusen, die im Grenzland des Libanon, Israels und Syriens leben und einer esoterischen Minderheitsreligion angehören, die sich aus Monotheismus und Elementen der griechischen und indischen Philosophie zusammensetzt. Diese Bewegung, die sich im 11. Jahrhundert von der schiitischen Religion abgespalten hat und immer bedroht gewesen ist, hat dank einer vollendeten Kunst der *Taqya* oder Täuschung und dank einer kompromißlosen Treue zu ihren Riten und ihrem Dogma die

Jahrhunderte überdauert. Mit dem *Sirwal,* einer dunklen Pluderhose, und einer kleinen weißen Mütze oder, wenn es sich um eine Frau handelt, mit einem großen weißen Schleier bekleidet, entfalten sie auf den Straßen der entlang unserer Route hingestreuten Dörfer wie Aaley oder Bhamdoun ein geschäftiges Treiben. Dann fahren wir wieder in die Bekaa hinab, die zwischen Libanongebirge und Antilibanon eingezwängte, schmale Zentralebene.

In Maasna überqueren wir ohne Schwierigkeiten die syrische Grenze – nachdem unsere Papiere fünfmal hintereinander von der Sippschaft der Zöllner und ihresgleichen abgestempelt worden sind, kleinen, fetten und allmächtigen Tyrannen, Zigarette im Mundwinkel, in deren geradebrechtem Französisch sich gewöhnlich übergangslos die Namen Zidane und Chirac mischen.

Hinter dem Niemandsland, das die beiden Grenzposten voneinander trennt, ändert sich die Landschaft. Die grünen Berge mit ihrer üppigen Vegetation liegen hinter uns; hier beginnt der Antilibanon mit seinen nackten, kahlen ockergelben Hängen aus Fels und Geröll unter einer bleiernen Sonne. Am Straßenrand sieht man ab und zu einen Hirten mit seinen Ziegen oder das Gerippe eines ausgebrannten Pick-ups.

Zwei syrische Präsidenten begrüßen den Reisenden an jeder Straßenecke: der 2000 verstorbene Hafiz al-Assad und sein Sohn Baschar. Aus Steinen haben ihre Anhänger naive Gemälde und Inschriften zu Ehren der Assads über die Hügel gelegt, wobei sie hier jedoch nicht soweit gehen, die Worte zu benutzen, die wir an einem anderen Grenzposten im nördlichen Libanon gelesen haben: „Willkommen im Syrien der Assads." Man wird eingestimmt: Der Staat, das sind sie, die Assads, die alawitischen Herren von Damaskus. Die sechzehn Millionen Syrer – die erdrükkende Mehrheit von ihnen ist sunnitischen Glaubens – werden seit dreißig Jahren mit eiserner Hand von dieser

Familie regiert. Sie haben zwei Gesichter: einerseits die nationalistische arabische Ba'ath-Partei, die sich auf die Lehre ihres Gründers, des orthodoxen Christen Michael Aflaq, bezieht, und andererseits die Alawiten, häretische Schiiten, die knapp eine Million Mitglieder zählen. Die Alawiten glauben an eine Dreieinigkeit aus Ali, Salman und Mohammed. Wie die Drusen glauben sie an Seelenwanderung, essen Schweinefleisch, trinken Wein und kommunizieren unter beiderlei Gestalten. Seit Jahrhunderten verfolgt und vom Islam verstoßen, sind sie von Geächteten zu den absoluten Herrschern Syriens aufgestiegen. Die meisten Ämter sind von Alawiten besetzt, und dem Islam bleibt nichts anderes übrig, als sich gut zu benehmen. In den Achtzigerjahren tötete die Regierung bei einem Putschversuch der Muslimbrüder in Hama 20.000 Menschen. Andererseits zeigten sich die Machthaber ähnlich wie im Irak Saddam Husseins der christlichen Minderheit gegenüber verhältnismäßig tolerant, und noch heute stellen die Christen zehn Prozent der Bevölkerung. Fünf der sieben Berater des verstorbenen Präsidenten Hafiz al-Assad waren Christen. Einen gewissen Personenkult muß man natürlich in Kauf nehmen, und die Christen sind nicht die letzten, die in ihren Schulen, Patriarchalsitzen und Geschäften gut sichtbar ein oder mehrere Portraits des *Raïs* aufhängen – wie einen Talisman, der den bösen Blick verscheucht ... oder den pedantischen *Muchabarat*.

Während die bequeme, gut beleuchtete und komplett mit Ampelanlagen ausgestattete Asphaltstraße sich vor uns dahinschlängelt, stellt sich allmählich die Frage nach der Kraftstoffversorgung. Syrien ist für seine sehr wettbewerbsfähigen Preise bekannt, und wir haben den Libanon mit einer Vierteltankfüllung verlassen. Doch es ist zum Verzweifeln: Eine Tankstelle nach der anderen bietet nur „Zouber" an, das unser Katalysator nicht verträgt, und von „bleifreiem Zouber" hat man hier noch nie etwas gehört. Befürchtungen keimen auf: Das war's! Schon nach dem ersten Grenzübergang stellt das Ganze sich als Fehlstart heraus, wir müssen umkehren und unser Heil im Libanon suchen, die einzige Chance, die wir haben, ist, daß wir uns einen Motor einbauen lassen, der das syrische Blei verträgt. Was sind das für Abenteurer, die noch nicht einmal über den Kraftstoff nachgedacht haben!

Wir kehren also um. An der letzten syrischen Tankstelle vor der libanesischen Grenze beruhigt mich ein Libanese, der herübergekommen ist, um von den günstigen Spritpreisen zu profitieren: Das Super hier ist bleifrei, nur die Oktanzahl ist unbekannt.

„Es stinkt, aber die Motoren vertragen es", ruft er mir zu, nachdem er seinen Mercedes vollgetankt hat.

Später werden wir tausendundeine Sorte Benzin kennenlernen, 92er und 100er Super in der Türkei oder in Griechenland, und der V8 wird sie alle problemlos schlukken – insgesamt eine Tonne, bis wir in Frankreich ankommen …

Wie viele Pannen hatten wir schon auf der Straße von Beirut nach Damaskus in diesen alten gelben amerikanischen Taxis aus den Sechzigerjahren … Doch es war nie etwas Ernstes: Die anderen Fahrgäste stiegen aus, ohne ein Wort zu sagen, und beugten sich über den Motor. Andere Fahrer stoppten, um ihre Hilfe anzubieten, und jedes Mal konnte das Taxi weiterfahren.

Die Sonne steht bereits hoch am Himmel, und die Straße führt nun in die große Senke hinab, in der sich Damaskus zusammengerollt hat: eine kompakte Masse aus Beton und Vegetation inmitten einer drückend heißen Geröllwüste. Ich hatte einige Reiseberichte über Damaskus gelesen, namentlich den eines andalusischen Pilgers aus dem 12. Jahrhundert, Ibn Dschubair. Es war sehr amüsant gewesen, diesen Text in den nüchternen Mauern der Sorbonne zu studieren. Um nach Mekka zu gelangen, hatte

Ibn Dschubair in Granada ein genuesisches Schiff bestiegen und wetterte auf der ganzen Überfahrt unaufhörlich gegen diese hinterhältigen Italiener, die selbst den Seeweg zu den heiligen Stätten des Islam mit einem Monopol belegt hatten. Später kommt er nach Damaskus, das er wie folgt beschreibt: „Seine Bäche fließen überall. Der Boden von Damaskus ist so mit Wasser gesättigt, daß es ihm fast gefallen könnte, trocken zu werden, und die harten Steine rufen einem förmlich zu: Stampft mit dem Fuß auf, hier könnt ihr mit frischem Wasser eure Waschungen verrichten und trinken!"

Dieses Loblied aufs Wasser ist vor allem deshalb so komisch, weil Ibn Dschubair seine Pilgerfahrt als Buße dafür angetreten hatte, daß er einen Tropfen Alkohol getrunken hatte ...

Doch die *Ghuta,* die von den Dichtern so viel besungene Oase von Damaskus, ist heute nur noch von einem stinkenden und mit Abfällen übersäten Rinnsal durchzogen. Damaskus hat sich ausgedehnt, die Hänge sind zubetoniert, und die Stadtviertel wachsen fast senkrecht an den umgebenden Bergen empor – namentlich dem *Dschabal Qasyun,* dem mächtigen kahlen Felsbrocken, der die Stadt überragt. Er ist ein echtes Monument des Monotheismus: Der muslimischen Überlieferung nach soll Abraham hier zur Welt gekommen sein und Kain in einer der Grotten sein Verbrechen begangen haben. Die neue Stadt ist von einem Franzosen entworfen worden: Breite Avenuen sind von Wohnblöcken im Sowjetstil gesäumt. Man könnte meinen, man befände sich in einem ehemaligen Ostblockstaat, und in der Tat ist man nicht sehr weit davon entfernt. Das leere UNO-Gebäude, das einige Monate zuvor Ziel eines Anschlags war, steht mit seiner noch immer geschwärzten Fassade an dem großen Boulevard, der in die Stadtmitte führt. Die syrischen Präsidenten winken uns zu, wohin wir auch blicken. Am Bahnhof von Hedjaz ist es ein von weißen Tauben umgebener Hafiz al-Assad; einige Meter weiter ist es Baschar mit seinen hellen Augen, die an einen jungen Wolf erinnern … Nach einigen Minuten finden wir uns in Sichtweite der Altstadttore inmitten eines Gewimmels von gelben Taxis, Radfahrern und Pferden wieder, während auf den Kreuzungen Verkehrspolizisten mit Verbrechervisagen in das Chaos eingreifen. Links und rechts um den Suq al-Hamidiyya herum sehen wir die alten Gäßchen, die ins christliche Viertel führen.

Heiliges Damaskus

„Es ist zu bemerken, daß in Damaskus jede Nation ihren Kult praktiziert und man dort mehrere christliche Kirchen findet.“

Ibn Dschubair, *Reisebericht,* 1182

Damaskus ist ein lebendiges Museum des orientalischen Christentums. Zwischen Bab Tuma, dem Thomastor, und Bab Scharki, dem Osttor, liegen sämtliche Patriarchal- und Bischofssitze der Stadt. Nach Schulschluß drängen sich die christlichen Schüler in ihren Uniformen in die qualmenden alten Busse, die zuweilen mit unverständlichen armenischen Aufschriften bedeckt sind. An jeder Straßenecke sieht man Soutanen, und die Glocken läuten ohne Unterlaß.

Wir gehen die Gerade Straße hinunter, die schon beim heiligen Lukas vorkommt, als Hananias den heiligen Paulus aufsucht, um ihm das Augenlicht wiederzugeben: „Der Herr sagte zu ihm: Steh auf und geh zur sogenannten Geraden Straße und frag im Haus des Judas nach einem Mann namens Saulus aus Tarsus. Er betet gerade und hat in einer Vision gesehen, wie ein Mann namens Hananias hereinkommt und ihm die Hände auflegt, damit er wieder sieht.“

Am Ende der Straße passiert man wie schon vor zweitausend Jahren das Bab Scharki, das mitten im christlichen Viertel liegt. Nicht weit von der Stelle entfernt, wo der heilige Paulus auf der Flucht vor seinen Verfolgern in einem Korb heruntergelassen wurde, parken wir den Wagen auf dem Bürgersteig im Schatten der antiken Stadtmauer von Damaskus.

Es ist unser letzter Aufenthalt in Damaskus, und wir wollen uns von der Stadt verabschieden. Unser kleiner Junge vertritt sich die Beine in der Geraden Straße – auf den Spuren des Hananias, der zu Saulus unterwegs ist, wenn man so will. An der Straßenbiegung gelangt man zwischen zwei Häusern hindurch in einen langen Korridor, der so eng ist, daß ein Esel nicht hindurchpassen würde. An seinem Ende lehnt ein kleines Kind an einem Orangenbaum und löffelt seinen *Laban,* den hiesigen Joghurt.

„Paul, Paul, komm her!"

Paul hat einen neuen Spielkameraden gefunden. Wir laufen ihm nach und geraten am Ende der winzigen Gasse in einen Hof. Hier leben drei arme christliche Familien. Um diese Zeit – es ist Nachmittag – sind nur die Frauen zu Hause. Der kleine Samir ist der einzige Vertreter des männlichen Geschlechts.

„Tfadlo, nehmen Sie doch Platz!"

Im Orient beginnt man nicht damit, Fragen zu stellen. Zunächst bietet man etwas an. Der Kaffee kommt fast sofort. Die blonden Kinder erregen wieder einmal allgemeine Neugier, und man trägt Stühle herbei, um uns willkommenzuheißen. Nur Samir ist gekränkt, daß er nicht mehr im Mittelpunkt des weiblichen Interesses steht, und vertieft sich wieder in seinen Becher mit *Laban.*

Die alten Häuser aus Holz und Stampflehm gehen auf den Hof hinaus. Das Innere ist bescheiden, ja ärmlich. Unser kleines Mädchen wird von Arm zu Arm gereicht.

„Woher kommt ihr?" „Wohin geht ihr?" Schließlich prasseln die Fragen doch auf uns herab. Einmal ist keinmal, denn man ist unter Frauen – oder zumindest fast –, und alles dreht sich um Marie: Eine Frau aus dem Westen mit zwei Kindern, das ist in der orientalischen Erfahrungswelt eher ungewöhnlich. Als wir ihnen den Zweck unserer Reise erklären – daß wir die Begegnung mit den Christen des Orients suchen –, erfüllt sie das mit Stolz.

„Hier in der Altstadt sind wir unter uns", antwortet eine der Frauen mit breitem Lächeln.

„Seid ihr Christen?“ fragt eine andere fast ängstlich.

Bei Leuten aus dem Westen kann man ja nie wissen …

Wir zeigen ihnen die Medaillen, die wir um den Hals tragen, und die Versammlung bekreuzigt sich mit großer Begeisterung und murmelt einen Strom an guten Worten an die Adresse der *Adra,* der heiligen Jungfrau.

Eine von ihnen verschwindet und kommt mit einem blauen Rosenkranz zurück, den sie Maguelone schenkt. Eigenartig, wie sehr uns die blauen Perlen, aber auch die Geste an sich an die muslimische Gebetsschnur erinnern, die unser kleiner Junge in einem schmuddeligen Park in Tripoli von einem melancholischen Mann zum *Fitr* geschenkt bekommen hatte; sein Bruder, ein *Hadschi,* hatte sie ihm aus Mekka mitgebracht.

Wir verabschieden uns von den Frauen und statten den beiden rundlichen, schnurrbärtigen Brüdern einen Besuch ab, die ganz in der Nähe ihre winzige, kitschige Bar betreiben. Hier werden in rauhen Mengen und zu einem Spottpreis Bier und Whisky ausgeschenkt. Oft haben wir unsere damaszenischen Abende bei den beiden beendet, nachdem wir vorher in einem jener märchenhaften Restaurants gewesen waren, die in den alten arabischen Palästen untergebracht sind. Solche Plätze findet man nur hier, das versteht sich von selbst. Denn in Damaskus sind die Christen integriert und geschützt. Überall in der Stadt und selbst in den traditionell muslimischen Suqs trifft man stolze Christinnen, die, was die Aufmachung betrifft, nicht unter Komplexen zu leiden scheinen: Unter den Stoffen zeichnen sich üppige Formen ab, die Kleider sind tief ausgeschnitten, und man trägt große goldene Kreuze zur Schau. Denn Christ zu sein bedeutet hier, anders als im Libanon, auch ein gewisses Maß an Freiheit.

Dennoch ist Damaskus mit seiner großartigen Umayyadenmoschee – Zeugnis einer Zeit, da die Stadt Sitz einer Dynastie war, die von Marokko bis nach Persien herrschte – auch die heilige Stadt des Islam. Schon tausend Jahre vor Christi Geburt stand hier an der Stelle der Großen Moschee ein heidnischer Tempel zu Ehren von Hadad, dem furchtbaren Gott des Gewitters. Der Umayyadenkalif Al-Walid entschied, die 379 erbaute und dem heiligen Johannes dem Täufer geweihte Basilika niederzureißen. Man sagt übrigens, er habe beim Abriß der Kirche als erster höchstpersönlich Hand angelegt. Das Reliquiar mit dem Schädel des Heiligen blieb jedoch erhalten; der Prophet wird bei den Muslimen unter dem Namen Yahia verehrt. Seine Fürbitte ist angeblich sehr wirkungsvoll, wenn Frauen keine Kinder bekommen können. Um die großartigen Mosaiken zu realisieren, die die Fassade schmücken, habe der Kalif, so berichtet Ibn Dschubair, dem Kaiser von Byzanz unter Androhung von Sanktionen befohlen, ihm zwölftausend Künstler zu schicken, und der *Basileus* tat, wie ihm geheißen.

Damaskus fasziniert die Menschen noch immer: In der Oberstadt, in dem Viertel, das an den Hängen des Dschabal Qasyun liegt, hatten wir einige Monate zuvor im Gewirr finsterer Gassen, alter islamischer Heiligenmausoleen und belebter Märkte Wissam kennengelernt. Er stammt aus Grenoble und ist zwanzig Jahre alt. In diesem Viertel, das ursprünglich von den Hilfssoldaten der osmanischen Armee bewohnt war, liegt heute eine ultramoderne *Madrasa,* und an ihrem Ausgang drängten sich – in weißer *Dschellaba* und mit dem unvermeidlichen Spitzbärtchen – muslimische Kreter, Tscherkessen, Studenten aus aller Herren Länder, uigurische Chinesen, Iraner, Afrikaner und Europäer. In der Überzeugung, hier auch einen Franzosen zu treffen, hatte ich mich von einem Briten iranischer Herkunft zu diesem jungen Mann führen lassen, der sechs Monate zuvor das Geschäft seiner Eltern in Grenoble verlassen hatte, um, wie er sagte, „seine Wurzeln wiederzufinden und zu seiner ursprünglichen Religion zurückzukehren". Er war froh, mit seinem breiten Pariser Vorstadtakzent Französisch sprechen zu können. Sein Vater praktizierte nicht, und Wissam war davon überzeugt, daß der Islam in Frankreich verfolgt ist.

„Frankreich hat Gott vor die Tür gesetzt, es wird von Freimaurern regiert", hatte er mir erklärt. „Die Muslime müssen zu ihren Quellen zurückkehren, um die wahre Religion zu praktizieren."

Immer wieder, so hatte Wissam uns erzählt, habe er seine Brüder und Cousins gedrängt, das materialistische und unreine Europa zu verlassen, um ihre Seelen zu retten. Eine Rede mit unverkennbar salafistischem Beigeschmack ... Inzwischen hatte er ein Stipendium bekommen, mit dem er hier studieren und seine, wie er mir gestand, mangelhaften Arabischkenntnisse aufbessern konnte.

Während unseres Aufenthalts in Damaskus wollte ich eine gewisse Anzahl christlicher Verantwortlicher treffen. Vor allem eine Gemeinschaft faszinierte mich: die syrisch-orthodoxe Kirche. Die Syrisch-Orthodoxen oder Jakobiten sind Monophysiten, das heißt, sie haben sich nach dem Konzil von Chalcedon 451 von den anderen christlichen Kirchen abgespalten, weil sie in der Frage der Natur Christi nicht mit diesen übereinstimmten. Anfangs im Südosten der Türkei ansässig, hatte die syrische Kirche sich nach jahrhundertelangen Verfolgungen und Massakern nach Syrien zurückgezogen. Auch ihre Mitglieder fielen einem geplanten Völkermord seitens der Türken zum Opfer. Mardin, Tur Abdin, das Kloster Mor Gabriel – all diese Gebiete sind genauestens aufgeteilt und werden entweder von der PKK, der separatistischen kurdischen Miliz, oder der türkischen Armee kontrolliert. Ihre Übergriffe gehen auch heute noch in vielen Fällen zu Lasten der christlichen Dörfer. Ganze Ortschaften sind verlassen, ihre Einwohner komplett nach Europa oder

Kanada ausgewandert, ihre Kirchen zerstört und ihre Ländereien in vielen Fällen von den Kurden konfisziert. 1923 wurde der Sitz des Patriarchen aus der laizistischen Türkei nach Damaskus verlegt: Mustafa Kemal hatte dafür gesorgt, daß der Patriarch das Land verließ, und dann seine Gläubigen ohne große Umstände gezwungen, dasselbe zu tun. Ein langer Marsch durch die Wüste, ohne Proviant, von Urfa, dem antiken Edessa, nach Aleppo, wo die französische Schutzmacht sie in Flüchtlingslagern unterbrachte. Bis heute weigern sich die Jakobiten, sich zwischen der türkischen Regierung und den Kurden zu entscheiden: Erstere räumt ihnen keinerlei Rechte ein, letztere hören nicht auf, sie zu verfolgen. So sind sie Opfer der einen wie der anderen und suchen ihr Heil nach wie vor in der Flucht ins Ausland. Die Armenier und die Griechen überleben (mehr schlecht als recht) in der Türkei, sind aber zumindest durch ein im Vertrag von Lausanne 1923 anerkanntes Minderheitenrecht geschützt. Den Hundertausenden syrisch-orthodoxer Gläubiger im Ausland stehen heute jedoch nur mehr rund 20.000 Personen im Nahen Osten gegenüber. Sie sind gewissermaßen die Fossilien des orientalischen Christentums. Der syrisch-orthodoxe Erzbischof von Beirut, Georges Saliba, hatte mir die Adresse des Patriarchen gegeben und ein Treffen arrangiert. Meine Unterredung mit Bischof Saliba einige Monate zuvor war denkwürdig gewesen. Ich war zu unserer Verabredung in einem armen Beiruter Vorstadtviertel etwas zu früh gekommen und hatte daher noch die Zeit gefunden, in die erzbischöfliche Kapelle zu gehen, wo einige Priester um ein Lesepult herumstanden und in Syrisch, der Sprache der antiochenischen Liturgie, die Abendhore sangen. Ich konnte einen raschen Blick auf den typisch syrischen, von Säulen umrahmten und von einer Kuppel überwölbten Altar, die mit großen Inschriften in syrischer Sprache bedeckten Wände und den Sakristan werfen, der entfesselt das Weihrauchfaß schwang. Von weitem hatte man mir mit strenger Miene bedeutet, mich zu erheben.

Bischof Saliba war umständlich aus einem dicken Mercedes ausgestiegen. Mit seiner rundlichen Figur und seinem prächtigen weißen Bart erinnert er ein bißchen an den Weihnachtsmann. Auf dem Kopf trägt er die schwarze, mit dreizehn weißen Kreuzen geschmückte Kappe.

„*Welcome!!!*" hatte er mir mit breitem Lächeln entgegengerufen, während sich schon eine Schar Bittsteller um ihn drängte.

Wir hatten im Büro des Erzbischofs in der ersten Etage Platz genommen. Zwischen den kitschigen Einrichtungsgegenständen hatte ich die Memoiren von Hillary Clinton, ein Bild der Jungfrau von Medjugorje und eine kleine Statue der Muttergottes aus der Rue du Bac entdeckt. Inmitten eines unbeschreiblichen Durcheinanders hatte ich Georges Saliba über seine merkwürdige Gemeinschaft befragen können; er selbst hatte sich tief in seinen Sessel sinken lassen, telefonierte, verhandelte mit diversen Gesprächspartnern und zählte nebenher akribisch ganze Bündel von Dollarscheinen.

„*Please ask me what you want, you are my friend*", sagte er mir von Zeit zu Zeit, denn wir sprachen Englisch miteinander.

Da Bischof Saliba jedoch in der Lage ist, drei oder vier Gespräche gleichzeitig zu führen, gingen meine Fragen in einem Gemisch aus Arabisch, Englisch und Syrisch unter. Vermutlich verließen sich alle darauf, daß ich kein Arabisch sprach, denn es war das erste Mal, daß ich hörte, wie ein orientalischer Prälat Ronaldos Leistung mit der von Maradona verglich. Glücklicherweise brachte der energische Sakristan mir hin und wieder einen Tee, denn andernfalls wäre ich wohl vollständig in Vergessenheit geraten. Und so saß ich da und betrachtete in aller Ruhe diesen guten Mann, der – als Oberhaupt einer kleinen Herde, die schon zur Zeit ihrer Entstehung in der Minderheit war – sein Leben im Flugzeug verbrachte, um in den vermögenden Diasporagemeinden milde Gaben zu sammeln, damit irgendwo im Orient diese wenigen Jakobiten weiterexistieren konnten, die nacheinander von den Byzantinern, den Arabern und schließlich zuletzt von den Türken abgeschlachtet worden waren.

„Trotzdem waren wir früher hier als alle anderen!" hatte er zu mir gesagt. „Wir sind die älteste Kirche: Wir waren als erste hier, vor den Byzantinern, vor den Katholiken, vor den Protestanten! Und die Leute leben in den Bergen, wie Christus es gewollt hat: Sie gehen morgens und abends in die Kirche, sie fasten jede Woche, sie beten ... Das ist hier nicht wie in Europa, wo man vergessen hat, wie wichtig Familie und Traditionen sind ..."

Bischof Saliba, der Mann, der schneller scheidet als sein Schatten, ist berühmt für seine Scheidungsraten, die die einzige Möglichkeit sind, eine Ehe zu trennen, da es im Libanon keine Ziviltrauung gibt. Man muß einfach nur konvertieren und sich als Jakobit registrieren lassen, um sich scheiden lassen zu können, ein Recht, das das Gesetz den Katholiken nicht zugesteht!

Vor meinem Aufbruch hatte Saliba mir eine in syrischer und französischer Sprache formulierte Einladung zur Einweihung einer neuen jakobitischen Kirche in Montfermeil überreicht – „in Anwesenheit Seiner Heiligkeit Moran Mor Ignatius Zakka I. Iwas, des Oberhaupts der gesamten syrischen Kirche", wie es auf der Karte hieß.

Zu ihm bin ich an diesem frühen Morgen auf den Gassen des christlichen Viertels in der Nähe von Bab Tuma, dem Thomastor, unterwegs. An der Hananiasstraße verweile ich kurz in einer winzigen syrisch-orthodoxen Kapelle; sie wird von einer alten Frau instandgehalten, die hier Tag und Nacht lebt und gleich neben dem winzigen Gotteshaus auf einer Matratze schläft.

Auf den Straßen herrscht schon ein geschäftiges Treiben: Ladengitter werden hochgezogen und Verkaufsbuden hergerichtet; die Sonne steht noch tief, und mit großen Mengen von Wasser werden die Bürgersteige gesäubert. Die Geschäfte in dieser Straße verkaufen religiöse Artikel: Kerzen, Kommunionanzüge, kitschige Ikonen, kleine rosige Engel. Außerdem kann man in diesem Viertel – ein bißchen wie in Kuba – die originellsten Autos überhaupt bewundern: alte Chevrolets, Fords, Chrysler aus den Fünfzigerjahren, rund, verchromt und noch immer fahrtüchtig – ein Beweis dafür, daß die Mechaniker hier wahre Zauberer sind …

Am Sitz des Patriarchen der syrisch-orthodoxen Kirche trinken einige Priester gerade Kaffee in einem Büro. Der Empfang ist kühl, meine Fragen bleiben unbeantwortet.

„Ist der Patriarch da? Ich habe ein Empfehlungsschreiben von Bischof Saliba."

Man hebt wortlos die Augenbrauen – die orientalische Art, nein zu sagen –, als plötzlich Seine Heiligkeit die Treppe zum Hof herabeilt. Patriarch Iwas ist nicht sehr gesprächig heute früh, offenbar bin ich zum falschen Zeitpunkt gekommen. Wie viele syrisch-orthodoxe Christen in Syrien leben?

„*Ma baaref,* ich weiß es nicht", antwortet er mir, ehe er mir den Rücken zudreht, um seinen Kaffee zu trinken.

„Danke, auf Wiedersehen, Gott sei mit Ihnen!" rufe ich ihm dennoch zu, als ich mich enttäuscht zum Gehen wende.

Unsere letzte Etappe führt uns zu einem alten Bekannten, nur einen Katzensprung vom Haus des Hananias entfernt. Georges heißt uns wie üblich in seinem Geschäft willkommen. Das war eine kuriose Geschichte im vergangenen Jahr, als wir Georges kennengelernt haben. Wir spazierten durch das christliche Viertel von Damaskus, weil wir auf der Suche nach Intarsienkreuzen waren. Als wir in die Hananiasstraße, eine von Weinranken und schrägen Mauern beschattete Gasse, einbogen – sie führt zu einer Kapelle, die an der Stelle des ehemaligen Wohnhauses des Hananias steht, jenes frommen Juden, der dem heiligen Paulus das Augenlicht zurückgab –, waren wir durch Zufall in Georges' Haus geraten.

„Da haben Sie aber wirklich Pech!" hatte er uns trocken in perfektem Französisch geantwortet. „Solche Artikel werden Sie bei mir ganz bestimmt nicht finden."

Dabei waren wir so sicher gewesen, daß der Name Georges, der mit großen Buchstaben an der Vorderseite des Geschäfts zu lesen war, nur einem Christen gehören konnte. Nein: obwohl christlicher Herkunft ist Georges der einzige mir bekannte orientalische Christ, der sich selbst als Agnostiker bezeichnet. Natürlich gibt es auch im Orient Christen, die an nichts glauben, aber sie nennen sich dennoch Christen. Viele von ihnen tragen auf der Brust gut sichtbar ein goldenes Kreuz, was aber nicht heißt, daß sie sonntags zur Messe gehen. Aber alle fühlen sich als Christen – häufig in Abgrenzung von den Muslimen. Unsere erste Unterhaltung drehte sich um die wirklichen und die angeblichen Schandtaten insbesondere der orientalischen Kirchen und verlief streckenweise recht heftig. Im Lauf der Monate haben wir es nie versäumt, ihn zu besuchen, wenn wir wieder einmal in Damaskus waren – ein bißchen auch, um ihn zu provozieren, aber ich glaube, er mochte das.

Georges denkt immer lange nach, bevor er etwas sagt, und nimmt ein paar tiefe Züge aus seiner Marlboro, ehe er inmitten der Zitronenholzmöbel, Teppiche und Silberschmuckstücke, die er in seinem Geschäft feilbietet, eine Flut von Worten ausstößt, deren Rhythmus durch seinen harten Akzent bestimmt wird. Unsere Dollars schätzt er weniger als unsere Gespräche. Zusammen mit Georges haben wir die Welt und vor allem den Vorderen Orient neu geschaffen. Er ist einer jener Araber, die sich über die amerikanische Intervention im Irak freuen, weil er die Freiheit und insbesondere die unternehmerische Freiheit über alles andere stellt.

„Ist dir das klar, wir sind in einem Land, wo es keine Privatbanken gibt und wo sie dir jährlich nicht mehr als 10.000 Dollar Kredit einräumen", hatte er ausgerufen, als ich mich daran machte, die Vorzüge einer Regierung zu rühmen, die immerhin das Verdienst hatte, nichtreligiös zu sein.

Doch die Frage der Religion war, wenn man sich mit ihm unterhielt, immer mehr oder weniger tabu. Einmal erfuhr ich allerdings zu meiner Überraschung, daß er seinen Sohn gedrängt hatte, einen Brief an Präsident Chirac zu schreiben. Sein Sohn besuchte die französische Schule in Damaskus und hatte am Palmsonntag den Unterricht besuchen müssen (in Syrien beginnt das Wochenende freitags und endet samstags), während die drei muslimischen Tage des *Fitr* zum Ende des Fastenmonats Ramadan von der französischen Schule offiziell für unterrichtsfrei erklärt worden waren. Georges sträubte sich gegen eine solche Ungerechtigkeit von seiten einer französischen Einrichtung und hielt es für wichtig, Chirac darüber zu informieren.

„Schau, was er uns geschickt hat: ein Foto mit Widmung ...", hatte er zu mir gesagt und mir den lächelnden Präsidenten auf dem Rasen vor dem Élysée-Palast entgegengestreckt.

Seither thront er stolz in der Ecke, wo Georges seine Kunden Platz nehmen läßt, gegenüber von Baschar, den jeder gute Syrer im Schaufenster oder an der Windschutzscheibe haben muß. Chirac mitten in der Altstadt von Damaskus als Talisman gegen den bösen Blick – das muß man einfach gesehen haben!

Als wir abfuhren, brachten Georges und seine Kindern uns zum Auto, um uns die letzten technischen Tips mit auf den Weg zu geben.

„Glückwunsch", ruft Georges uns noch hinterher, „ihr seid gute Christen!"

Wir haben einen Kloß im Hals, als wir die Mauern von Damaskus und unsere drei syrischen Freunde hinter uns lassen.

An den Hängen des Qalamun

„Am Ende der Tage wird es geschehen: Der Berg mit dem Haus des Herrn steht fest gegründet als höchster der Berge; er überragt alle Hügel. Zu ihm strömen alle Völker.“

Jesaja 2,2

Das Kloster von Saidnaya liegt zwanzig Kilometer nördlich von Damaskus hoch auf einem Felsvorsprung oberhalb einer mit Obstbäumen bepflanzten Ebene. Es ist ein orthodoxes Kloster; die Schwestern sind schwarz gekleidet und tragen einen merkwürdigen Schleier, der an den der muslimischen Frauen erinnert. Durch eine niedrige und sehr enge Pforte und über kleine Treppen gelangt man ins Innere: ein Gewirr von kleinen Gassen mit in den Fels geschlagenen Stufen – eine Steinwüste, die hier und da von einer Pinie, einer Glyzinie oder einem blühenden Oleander aufgelockert wird. Kleine Höfe, Gärtchen, Häuser, Kapellen – dieser Platz ist ein regelrechter Bienenstock. Den Standort des Klosters hatte Kaiser Justinian 530 während einer Jagdpartie ausgewählt, nachdem ein Hirsch an dieser Stelle zu Füßen der Jungfrau Maria Zuflucht gesucht hatte. Die Jungfrau, die man hier verehrt, ist berühmt dafür, daß sie für kinderlose Frauen und kranke Kinder Fürsprache einlegt. Christen und Muslime strömen in Scharen hierher und schlafen zuweilen sogar auf dem nackten Fußboden der winzigen Wallfahrtsstätte, die man ohne Schuhe betritt. Dort im Halbschatten spricht eine Nonne Gebete vor einem von Kerzen umgebenen Gefäß mit heiligem Öl. Ringsherum hängen Dutzende von Votivgaben aus Kupfer: Hände der Fatima, Kinderfüße, islamische Halbmonde, manche sogar von einem Kreuz geschmückt. Als wir eintreten, treffen wir auf eine Mutter mit ihrem kranken Kind. Die Schwester salbt den Kopf des Kleinen, die Mutter weint.

„*Inschallah,* wenn er doch nur gesund wird", stöhnt sie.

Die Kapelle selbst liegt im Zentrum des Klosters und ist für alle diese Pilger, die herkommen, um Heilung zu suchen, ein heiliger Ort. Eine kranke Muslimin sitzt barfuß in einer Ecke.

„Sie wartet auf die göttliche Fürsprache", erklärt mir die Schwester Pförtnerin ...

Die rund dreißig Nonnen, die hier leben, kümmern sich um Waisenmädchen. Unter ihnen entdecken wir eine siebenjährige Christin aus dem Sudan; sie blüht auf bei diesen herzlichen Schwestern, die auch unsere Kinder liebevoll in die Arme schließen. Die Küchenschwester läßt den goldenen Apfel fallen, den sie gerade schält, und verschwindet mit Paul. Die Gassen und Höfe hallen wider vom Lachen der Kinder, das Wasser plätschert sanft von überall her über diesen kahlen Felsen, der sich gegenüber der großen Ebene im Osten erhebt. Man teilt uns ein großes spartanisches Zimmer zu, doch für einen Mann ist das schon ein besonderes Privileg, denn in Saidnaya sind nur Frauen oder eben verheiratete Männer mit ihrer Familie zugelassen.

In der Stadt Saidnaya gibt es 52 Kirchen – 75 Prozent der Einwohner sind Christen – und eine bescheidene Moschee, die allerdings über leistungsstarke Lautsprecher verfügt. Fünfmal am Tag verkünden sie nicht nur, daß Allah der größte und Mohammed sein Prophet ist, sondern erinnern uns daran, daß wir uns in einem zwar laizistischen, aber zu neunzig Prozent muslimischen Land befinden. All diese Zahlen bekomme ich von einem christlichen Paar, das ein Geschäft für Andachtsgegenstände besitzt. Mit Blick auf unsere für den nächsten Tag geplante Etappe frage ich sie nach dem Weg zum griechisch-katholischen Kloster von Mar Tuma, während die Nacht nach und nach über die Straßen hereinbricht, auf denen es von Menschen wimmelt. Die abendliche Kühle lockt alle nach draußen.

„Zweiundfünfzig Kirchen, das sind aber viele!" sage ich zu dem Inhaber des Ladens.

„Wir sind alle Christen, das ist das wichtigste", antwortet seine Frau.

Ein junger Orthodoxer, demgegenüber ich dieselbe Bemerkung mache, scheint diese Ansicht nicht zu teilen. Vor dem Internetcafé, in dem sich die jungen Leute treffen, hält er mir eine *Schawarma* entgegen und erklärt mir, daß der Vatikan und der *Baba Rouma,* der Papst in Rom, ein echtes Problem darstellen ...

Via Internet schicken wir die ersten Nachrichten seit unserer Abreise: Fast ist es eine Enttäuschung, in diesem entlegenen Winkel solche technologischen Möglichkeiten vorzufinden. Von Saidnaya aus erscheinen mir die Neuigkeiten, die ich erfahre, uninteressant, geradezu egal. Ich kann nichts tun, nur einige beruhigende Sätze schreiben, doch ich würde gerne so viel mehr sagen ... oder gar nichts. Als wir uns in der Dunkelheit auf den Rückweg machen und die Gäßchen zum Kloster der Jungfrau hinaufsteigen, denke ich schon daran, wie schnell die Zeit vergeht, die uns Europa immer näherbringt, während die Christen hier sich seit Jahrhunderten an diesen verlassenen Felsen klammern.

Nach einem erbitterten nächtlichen Kampf gegen eine Armee von Flöhen, die offenbar meine Matratze besiedelt haben, gibt es ein unsanftes Erwachen. Durch die nicht vorhandenen Vorhänge beschenkt uns die Sonne schon um fünf Uhr sehr großzügig mit ihrem Licht und reißt uns aus dem Schlaf. Was soll's. Nach einem raschen Gebet in der Klosterkirche machen wir uns auf die Weiterfahrt.

Im Lauf der Kilometer reihen sich auf den kargen Anhöhen des Qalamun die Klöster mit ihren nächtlich illuminierten Kreuzen aneinander. An diesen trostlosen Hängen gibt es keine Vegetation, doch im Tal begleiten uns nach wie vor die mit einer gewissen Hartnäckigkeit betriebenen Obstbaumpflanzungen. Wasser gibt es hier überall. Im Winter sind die Berge mindestens zwei Monate lang von Schnee bedeckt. Dieser Höhenzug entlang der libanesischen Grenze war schon immer ein Zufluchtsgebiet für die Christen, die von den Osmanen sogar mitunter gezielt dort angesiedelt wurden, um als Puffer zwischen den beiden Provinzen zu dienen.

Unsere erste Etappe ist Mar Tuma, Sankt Thomas, eine sehr alte Kirche aus dem 4. Jahrhundert mit der üblichen kindshohen Tür, dazu bestimmt, den Eifer eines jeden Berittenen zu hemmen. Eine steile Straße führt hierher, mitten durch eine großartige karge Steinlandschaft, die über der gesamten Ebene aufragt. Neben der ehrwürdigen Kirche steht ein ultramodernes, gerade fertiggestelltes Gebäude: eine Art Disneyland aus pompösem Beton, das man einem syrischen Millionär christlicher Herkunft zu verdanken hat. Drei Millionen Dollar soll er dafür bezahlt haben. Im Inneren befinden sich Mehrzwecksäle und Schlafräume für die christlichen Jugendlichen, die zum Ferienlager hierherkommen.

Danach führt die Hauptstraße wieder abwärts, um erneut links abzuzweigen.

Diesmal brauchen wir eine gute Viertelstunde, um über eine Serpentinenstraße hinauf zum Kloster der Cherubim zu gelangen, das auf dem höchsten Gipfel des Qalamun liegt. Eine weitere sehr alte Kirche wird gerade von zwei Arbeitern restauriert, die ihren Preßlufthammer sehr behutsam einsetzen. Im Innenraum der Kirche erzählt mir ein bärtiger Mönch, das eigentliche Gebäude sei 1700 Jahre alt: Trotz späterer Hinzufügungen erkennt man noch immer drei antike Säulen und gewaltige Steinquader in den Mauern. Auf dem Parkplatz treffen wir ein syrisches Paar, das nach Kanada emigriert und nun mit seinen englischsprachigen Kindern hergekommen ist, um ihnen das Kloster zu zeigen. Wir befinden uns in einer Höhe von zweitausend Metern, die Aussicht ist großartig und reicht bis nach Damaskus. Über dem befestigten Aussichtspunkt erhebt sich ein triumphales Kreuz.

Dicht am Abhang entlang geht es wieder talwärts. Leitplanken gibt es natürlich nicht. Gerade sind wir in tiefsinnige Betrachtungen darüber versunken, wie grausam es dem örtlichen Straßenbauamt an Equipment fehlt, als ein Wagen mit halsbrecherischer Geschwindigkeit die Kurve nimmt. Der Fahrer reißt das Lenkrad herum, um uns auszuweichen, und steuert genau auf den Abgrund zu ... Nur ein providentieller Schotterhaufen neben der Straße verhindert die Katastrophe. Der Wagen landet weich, setzt ein Stück zurück, und schon ist der Verkehrsrowdy mit quietschenden Reifen weitergefahren, ohne uns eines Blickes zu würdigen ... Ganz sicher wird er dem heiligen Thomas und den Cherubim zum Dank eine Kerze aufstellen oder ein Schaf schlachten, und auch die Jungfrau wird er nicht vergessen.

Weiter unten gelangen wir wieder auf die Straße, die am Felsmassiv entlangführt. Dort, in Mar Elias, erhebt sich in der Ebene eine schöne griechisch-katholische Kirche in recht gelungenem neoromanischen Stil. Doch die Tür ist geschlossen. Ein Brunnen auf dem Vorplatz gewährt uns am Ende dieses schon brütend heißen Vormittags eine Erfrischung. Eben wollen wir wieder aufbrechen, als der junge Pater Elias aus einem Mercedes aussteigt – gerade rechtzeitig, denn so können wir uns die Kirche doch noch ansehen. Er ist sanftmütig und freundlich, beherrscht jedoch die Sprache Dantes eindeutig besser als die von

Molière. In Mar Elias leben fünfhundert katholische und hundert orthodoxe Familien, außerdem ein kleines Kontingent Muslime, vertraut er mir an.

„Sie müssen unbedingt den Propheten sehen!“ sagt er zu mir, ehe wir weiterfahren.

„Welchen Propheten?“

„Elias natürlich! Die Straße beginnt am Ortsausgang …“

Nach orientalischer Überlieferung hatte sich der Prophet *(Nabi)* Elias in dieses Gebirge zurückgezogen. Tatsächlich beginnt am Ortsende die Andeutung einer Straße; Lastwagen und Bulldozer gehen hier ganz gemächlich ihrer Arbeit nach. Die Arbeiter reißen sich die Beine aus, um uns die Durchfahrt zu ermöglichen; in ihrem Eifer hätten sie um ein Haar einen LKW in die Schlucht gestürzt. Das Gelände steigt bis zum Ende des schrägen Plateaus hin an; von hier aus sieht man, soweit das Auge reicht, die unermeßliche Ebene. Am Berghang führen einige Stufen zur angeblichen Einsiedelei des biblischen Propheten hinab. Von der Eliasgrotte aus schweift der Blick völlig ungehindert westwärts Richtung Damaskus. Eine bescheidene, in die Felswand gehauene Kapelle verleiht dem Ort trotz des großen Andrangs christlicher und muslimischer Besucher eine gewisse Intimität. Paul ist mir in den engen Tunnel gefolgt, dessen ausgehauene Stufen zur Grotte führen. Als wir wieder draußen sind, findet er drei Spielkameraden, kleine syrische Christen aus Tartus, einer Stadt an der Mittelmeerküste. Die Eltern drängeln und wollen alle unbedingt den kleinen Blondschopf in der Mitte ihrer Kinder fotografieren. Sie sind als Touristen hier, christliche Touristen, die die Wallfahrtsorte ihres Landes besichtigen. Ein bißchen wie wir … Als wir wieder aufbrechen, macht eine lärmende Schar muslimischer Frauen gerade Anstalten, die Stufen zur Eliaskapelle hinunterzusteigen. Auch sie sind Touristen. Erstaunliches Syrien …

Die letzten Aramäer

„Die Einwohner von Maalula wollen sich der arabischen Sprache nicht bedienen, obwohl sie sie sehr gut beherrschen: aber sie wollen mit den Fremden kein Arabisch sprechen."

Frère Eugène Roger, *La Terre sainte,* 1664

Wir machen uns wieder auf den Weg, weiter an den großartigen Ausläufern des Qalamun entlang. Unsere nächste Etappe ist das 1700 Meter hoch gelegene Maalula. Den Betonbogen am Ortseingang zieren höchst effektiv die Portraits der früheren und des derzeitigen Präsidenten – auch um daran zu erinnern, daß sie in diesem Refugium für die Sicherheit der christlichen Minderheit garantieren. Maalula ist ein magischer Ort, und das nicht nur deshalb, weil er mit seinem satten Grün und seiner Besiedlungsdichte einen erstaunlichen Kontrast zu seinem trockenen Umland bildet: Vor einigen Monaten – an einem rauhen Apriltag, als ein trockener, eisiger Wind die noch spärlichen Pflanzen zu Boden drückte – hatten wir uns entschlossen, unsere kleine Tochter hier taufen zu lassen. Das Dorf ist an den Berghang gebaut; die Häuser mit ihrem blauen Putz – Zeichen dafür, daß die früheren Besitzer nach Jerusalem gepilgert sind – klammern sich förmlich an den Felsen. Es ist eines der letzten Dörfer, in dem noch Aramäisch gesprochen wird, jene aus verschiedenen Mundarten bestehende semitische Sprache, die früher im ganzen Vorderen Orient verbreitet war und in der Christus selbst gepredigt hat. Nach und nach wich das Aramäische dem Syrischen, doch letztlich war es die arabische Eroberung im ersten Drittel des 7. Jahrhunderts, die ihm den Todesstoß versetzt hat: Es wurde von den umayyadischen und später von den abbasidischen Behörden verboten, und wer es dennoch sprach, mußte damit rechnen, daß man ihm die Zunge herausschnitt. Heute gibt es gerade mal einige Tausend Menschen, die es noch sprechen. Das ganze Dorf ist mit christlicher Geschichte angefüllt: rund vierzig Kirchen und Klöster für knapp fünftausend Einwohner, die also zu den letzten gehören, die noch täglich Aramäisch sprechen. Um das festzustellen, muß man nur durch den Ort spazieren und sich im wirren Geflecht seiner Gassen und Treppen verlieren. Wenn einer der Einheimischen Sie durch diesen Irrgarten führt, werden Sie hören, wie er seine Nachbarn auf aramäisch grüßt. Dieses Dorf war schon sehr früh eine Hochburg der orientalischen Christenheit, denn die heilige Thekla, die der heilige Paulus nach seinem Damaskusaufenthalt bekehrt hatte, lebte hier als Einsiedlerin in einer Grotte, die heute ein Wallfahrtsort ist. Seit jeher ist das orthodoxe Nonnenkloster Mar Taqla für diese Stätte verantwortlich. Es ist erlaubt, die Grotte zu betreten, in der eine frische Quelle sprudelt; man kann davon trinken, aber die Hände oder irgendeinen Gegenstand einzutauchen wäre ein Sakrileg. Ein uralter Aprikosenbaum wächst aus der Tiefe der Grotte suchend dem Licht entgegen und verleiht dem Ort etwas ganz und gar Einzigartiges.

Auf der Ebene hinter dem Felsrücken, der den Ort beherrscht, liegt das Kloster zu den heiligen Sergius und Bacchus, zwei römischen Soldaten und Märtyrern. Zu ihren Ehren wurde hier an der Stelle eines heidnischen Tempels eine Kirche errichtet. Das Kloster ist griechisch-katholisch und dem Basilianer-Salvatorianer-Orden anvertraut. Vor einem Jahr waren wir eines Abends von Jordanien aus über Damaskus hierhergekommen, und Pater Toufic hatte uns mit väterlicher Herzlichkeit in seinem Kloster willkommengeheißen. Das tat er heute wieder. Dieser bärtige junge libanesische Priester, der aus Sidon stammt, Französisch und außerdem auch Italienisch spricht, ist die personifizierte Güte. Zur Begrüßung kneift er leicht die Augen zusammen – damit kaschiert er seine Schüchternheit. Er ist seit mehreren Jahren hier, um dafür zu sorgen, daß in dem noch immer gutbesuchten Kloster alles seinen geregelten Gang geht. Die Geschichte dieser Kirche beginnt Anfang des 4. Jahrhunderts. Aufgrund seiner Form konnten die Archäologen den Altar auf die Zeit vor 325 datieren: Wie seine heidnischen Vorbilder ist er von Blutabflußrinnen gesäumt, die in diesem Fall jedoch rein dekorativen Zwecken dienen, und man weiß, daß diese Art von Altären erst auf dem Konzil von Nizäa im Jahr 325 verboten worden ist. Ein deutsches Labor hat das Alter der Zedernholzbalken im Dachstuhl auf mindestens zwanzig Jahrhunderte bestimmt. Die großartigen christlich-arabischen Ikonen der Ikonostase sind 2003 ins *Institut du monde arabe* nach Paris gereist. Eine von ihnen ist einzigartig: Sie stellt gleichzeitig die Kreuzigung und das Letzte Abendmahl Christi dar, zwei Szenen, die auf den Ikonen in der Regel getrennt sind. Jede Kirchenbesichtigung beendet Pater Toufic mit einem Vaterunser in aramäischer Sprache.

Der Kantor des Klosters ist der Postbote: ein pausbäckiger Bursche, der sonntags kommt, um inmitten der kleinen Dorfgemeinde die Messe zu singen. Nach der Messe treffen wir auf Lawandius, den schnauzbärtigen Bauern, der die kleine Klostermolkerei betreibt. Er ist immer gerne bereit, Besuchern seine braven friesischen Kühe zu zeigen, die dem rauhen Winter in den Bergen ihres syrischen Exils trotzen. Auch die Vesper in der kleinen Kirche muß man miterlebt haben, bei der ein Vorsänger, der Priester und zwei Chorknaben auf arabisch die Abendhore zelebrieren. Und die großartige Liturgie des heiligen Johannes Chrysostomos. Und jene erstaunliche und so ungewohnte Erfahrung, Seite an Seite mit alten Dorfbewohnern in *Sirwal* und *Kufiya* dazusitzen und zuzusehen, wie Pater Toufic Gottesdienst feiert, während zwei kleine Jungen aus dem Ort ihm als Kerzenhalter dienen.

Das größte Fest der arabischen Christen ist das des Kreuzes am 14. September. Es steht unter dem Zeichen des Lichts und des Jubels: Zur Erinnerung an die Leuchtfeuer, die die heilige Helena, Mutter Kaiser Konstantins, von Hügel zu Hügel und von Gebirge zu Gebirge entfachen ließ, um die Auffindung des wahren Kreuzes zu verkünden, werden auf den Gipfeln riesige Feuer entzündet. In Maalula ist dieses Fest ein ganz besonderes Ereignis: Die jungen Leute steigen auf die umliegenden Berge, machen in den zahlreichen Grotten Feuer an, tanzen und trinken bis zum Umfallen. Mit dem Segen des Klerus.

„Sie sind vielleicht ein bißchen betrunken, aber die Lieder sind nicht anzüglich, sie handeln von Christus und vom Heiligen Kreuz, also gibt es eigentlich keinen Grund, das zu verbieten“, erklärt mir Pater Toufic mit einem breiten Lächeln.

Dennoch gibt es im Unterdorf auch eine Moschee, deren leistungsstarke Megaphone mit ohrenbetäubender Lautstärke den Ruf des Muezzins verbreiten, als wollten sie auf diese Weise die Tatsache kompensieren, daß der Islam hier in der Minderheit ist: In Maalula leben nur tausend Muslime.

Am Ortseingang reckt eine zweite Moschee ihr Minarett in den Himmel; sie befindet sich noch im Bau: Vor drei Monaten war hier nur ein leeres Grundstück. Zwar haben sich im Lauf der Jahrhunderte hier einige muslimische Familien angesiedelt, doch selbst die Broschüren des syrischen Tourismusministeriums betonen die christliche Identität des Ortes. Wenn eine einzige Moschee im Unterdorf mit gellenden Lautsprechern jedem, der es hören will, die Größe Allahs verkündet, mag das noch angehen. Doch der Bau einer zweiten Moschee wird hier als Provokation empfunden.

Als der Abend hereinbricht, lassen wir die Kinder bei Pater Toufic und machen uns auf den Weg ins Dorf zu Elias, einem Anstreicher, dem wir unseren Besuch versprochen haben. Eine der melkitischen Kirchen von Maalula ist dem heiligen Lawandius geweiht, einem römischen Soldaten und Märtyrer. Während des Gottesdienstes sitzen die Frauen auf der einen und die Männer auf der anderen Seite. Nachdem der Priester das Evangelium verlesen hat, kommen alle anwesenden Kinder nach vorne, um das Evangeliar zu küssen. Wir hatten vor einigen Monaten hier die Messe besucht und waren Elias nach der Austeilung des gesegneten Brotes auf dem Vorplatz begegnet. Er hatte uns gleich auf einen Kaffee in sein sehr bescheidenes Haus eingeladen.

„Weißt du, das ist immer dasselbe: Der Imam von der Moschee läßt sich mit armen Dorfkindern fotografieren; dann schickt man die Abzüge nach Riad, und dort findet sich dann irgendeine islamische Wohltätigkeitsorganisation, die Spenden sammelt“, hatte er mir anvertraut.

Im Halbdunkel sehen die Gassen alle gleich aus, aber wir treffen einen alten Mann, der mir den Weg beschreibt.

„Elias ist in Damaskus, aber kommen Sie trotzdem herein!“

Und da sind wir nun, bei Aziz, einem alten Verwandten von Elias. Er ist gedrungen, und seine Haut ist von der Sonne gegerbt. Aziz war zusammen mit seiner Schwester bei der Taufe unserer Tochter dabeigewesen und hatte im Sonntagsstaat und in würdiger Haltung unter dem Gewölbe der tausendjährigen Kirche gestanden. Der Wein von Maalula löst die Zungen; wir sitzen in dem winzigen Wohnzimmer unter den Blicken einer kitschigen Madonna und kommentieren die Nachrichten des syrischen Staatsfernsehens – in schwarzweiß –, die wie üblich mit dem israelisch-palästinensischen Konflikt beginnen. Aziz erklärt uns die Denkweise vieler orientalischer Christen, die stolz sind auf ihre Identität.

„Wir waren vor den Muslimen da, die sollen hier bloß keine Moscheen bauen!“ empört er sich. „In Rom und in Europa ist es genau dasselbe, nehmt euch in acht, so fängt es immer an.“

Glücklicherweise lenken die Euro 2000 und der örtliche Aperitif, ein hervorragender Arak, uns von diesen trüben Gedanken ab. Die Portugiesen, die es ins Finale geschafft haben, sind sogar hier im tiefsten Syrien sehr populär. Aziz versetzt seinem Fernseher einen Schlag mit der Faust, und endlich ist das Bild in Farbe. Der ägyptische Präsident Mubarak erscheint auf dem Bildschirm; er hat sich gerade in Deutschland einer Rückenoperation unterzogen.

„Das ist genau wie mit den Arabern hier, man spuckt auf den Westen, aber man fährt amerikanische Autos und fliegt hin, um sich operieren zu lassen“, wettert Aziz wieder los.

Es war ein großes Ereignis hier in Maalula, als im vorigen April Mel Gibsons Film über die Passion Christi herauskam. Sehr schnell waren in Syrien Raubkopien im Umlauf, und das ganze Dorf konnte es gar nicht erwarten, den Streifen zu sehen. Obwohl Mel Gibson sicherlich die allerbesten Absichten gehabt hatte, sprachen die Schauspieler jedoch nicht das Aramäisch von Maalula, wie Aziz mir ein bißchen traurig erklärte. Er selbst schreibt kein Aramäisch, aber sein Neffe ist Professor in Deutschland und hat sogar ein arabisch-aramäisches Wörterbuch verfaßt. Das Arabische benutzt man hier nur im Austausch mit der Außenwelt; dabei machen die Einwohner von Maalula zuweilen übrigens leichte Fehler, die mich oft überrascht haben.

Wir versprachen Aziz, ihn zu besuchen, *Inschallah,* wenn unser Weg uns wieder einmal in den Orient führt. Für dieses Mal bleibt uns noch ein weiterer Tag, den wir in Maalula verbringen werden.

Wir sind hier zu Hause. In der Küche, wo der Käse zum Austropfen in einem großen Tuch aufgehängt ist, haben wir immer mit Pater Toufic zusammen die Erzeugnisse des Hofs, die ländliche syrische Küche und den einfachen Arak genossen, der einem den Rachen putzt. Wir haben Andachten, Messen und Vespern mitgefeiert, den Blick auf die Ikonostase gerichtet, hinter der der Zelebrant in den liturgischen Gesten aufging, als wolle er Platz machen für etwas Größeres, während ein kleiner Meßdiener beflissen um ihn herumwuselte. Hoffentlich denken wir noch oft an diese gesegneten Momente zurück: die Taufe unserer Tochter, als sie in das Taufbecken aus gehämmertem Kupfer eingetaucht wurde, die auf arabisch gesprochenen Exorzismen, die wie ein Schwall von Verwünschungen gegen den Bösen Feind klangen, und die allgemeine Freude darüber, daß diese neue kleine Christin nun ein Mitglied der großen Familie der Kinder der Kirche war, zu der auch Elias mit seinen schwieligen Händen, Aziz mit seinem Arak, Lawandius mit seinen Kühen und Ghassan mit seiner *Kufiya* gehören.

Pater Toufic war den ganzen Tag über damit beschäftigt, mit den Frauen, die täglich zum Arbeiten ins Kloster kommen, Marmelade einzukochen. Die auf den Gebirgshängen gepflückten Aprikosen werden in kleinen Handmühlen zerquetscht. Das Mus, das man auf diese Weise erhält, wird mit Zucker vermischt und auf riesigen Tellern verstrichen, die man sodann aufs Klosterdach stellt. In der Sonnenhitze kocht die Masse besser als im Ofen. Danach wird sie in Töpfe gefüllt.

Heute ist unser letzter Abend vor der Weiterreise. Im Säulengang behält mich Abuna bei sich. Alles kommt zur Sprache: die Christen von Maalula, seine bescheidenen Pfarrkinder, die er hier festhalten und vor der Versuchung der großen Stadt Damaskus oder sogar der Emigration beschützen muß. Und die Muslime, die sie respektieren, mit denen eine theologische Diskussion jedoch illusorisch ist.

„Wir praktizieren hier den Dialog von Brot und Salz: Der muslimische Scheich aus dem Dorf besucht mich zu Weihnachten und Ostern, ich besuche ihn zum *Idu l-Fitr* oder zum Geburtstag des Propheten, und wir tauschen gute Wünsche aus. Aber wir sprechen nie über Theologie, das ist absolut zu vermeiden."

Am nächsten Tag gegen Abend müssen wir aufbrechen. Unter den Klosterarkaden nehmen wir rasch Abschied, Pater Toufic ist unruhig, zuckt und kneift lächelnd die Augen zusammen. Das war's. Normalerweise wären wir nach Beirut zurückgefahren und hätten uns bald wiedergesehen. Heute ist es für lange Zeit das letzte Mal, und Pater Toufic ist genauso bewegt wie wir. Es ist hart, Maalula zu verlassen, denn dieser Ort hat uns vermutlich in den letzten beiden Jahren am stärksten geprägt. Hinter der kleinen Pforte, durch die man das Kloster verläßt, benetze ich mir zum letzten Mal die Lippen mit dem eiskalten Wasser der Quelle.

Der heilige Moses von Abessinien

„Im Namen Gottes des Barmherzigen, des Sehr Barmherzigen."

Inschrift auf einem Fresko in der Kirche von Mar Musa,
12. Jahrhundert

Es ist sechs Uhr am Abend, wir fahren schnurstracks nach Norden, während die Sonne im Westen hinter den Bergen verschwindet. Fünfzig Kilometer müssen wir an den Bergen des Qalamun entlangfahren, ehe wir ostwärts in die Wüste abbiegen. Es ist eine wunderschöne Tageszeit, und die Sonne legt ein warmes, orangefarbenes Licht auf die sanften Kuppen der Landschaft. Die Ebene erstreckt sich zwischen den Bergen, und hier und dort recken große landwirtschaftliche Betriebe inmitten von Pappelreihen ihre plumpen Silos in die Luft. Die Dörfer, an denen wir vorbeikommen, sind ärmlich; um diese Tageszeit kommen die Menschen aus den Häusern, um ihre Nachbarn zu treffen, man stellt einen Plastikstuhl vor die Tür und trinkt Tee, und der eine oder andere bastelt an einem Traktormotor herum. Die Stille ist beeindruckend und wird nur ganz selten durch einen Klagelaut des Fahrgestells unterbrochen, wenn die zwei Tonnen unseres Oldsmobile einem abgrundtiefen Schlagloch nicht mehr rechtzeitig haben ausweichen können. In An Nabak müssen wir nach dem Weg fragen: In solchen Fällen sind immer alle sehr hilfsbereit, sogar und vor allem die, die es nicht wissen. Wie der Dorftrottel, ein braver Syrer, den ich frage:

„Geht es rechts nach Dair Mar Musa?"

„Natürlich!"

Seine rasche Antwort machte mich mißtrauisch, und ich riskiere eine zweite Frage:

„Geht es links nach Dair Mar Musa?“

„Ja, da auch!!“

Auf seine Art mochte er durchaus recht haben … Im Orient will man die anderen nie enttäuschen. Schließlich bekomme ich eine Wegbeschreibung auf deutsch von einem Mechaniker, der aus seinem LKW-Motor auftaucht und sich weigert, arabisch zu sprechen – so stolz ist er, den Umstehenden beweisen zu können, daß er eine europäische Sprache beherrscht, auch wenn es nicht die meine ist.

An Nabak ist eine uninteressante Stadt. Gemäß den Anweisungen unseres teutonisierenden Mechanikers biegen wir nach Osten ab und lassen ihren häßlichen grauen Beton und ihre Autowracks hinter uns. Die Straße schlängelt sich durch kahle Hügel, die Vegetation ist steppenartig. Dann fährt man geradewegs in die Wüste hinab, die zwischen zwei Gebirgszügen liegt. Das Licht ist wunderschön, hier und da erkennt man die Einschnitte der zeitweise wasserführenden *Wadis*. Der V8 gleitet über den Asphalt, und die Landschaft verharrt reglos. Unser bemächtigt sich eine Art Trunkenheit. Abrupt halten wir an, in der machtvollen Stille der ins Licht der untergehenden Sonne getauchten Weite. Wir helfen den Kindern beim Aussteigen und stehen um den Wagen herum. Nichts, kein Laut, keine Spur menschlicher Anwesenheit, nur diese schnurgerade Straße. Ich habe oft Angst davor gehabt, an einem solchen Ort eine Panne zu haben – mit den Kindern, bei Einbruch der Nacht und weit entfernt von jeder menschlichen Behausung. In Beirut war das mein Alptraum gewesen, das Schreckensbild jener Morgenstunden, in denen ich drauf und dran war, die ganze Sache abzublasen. Heute würde ich mir eine solche Panne herbeiwünschen, fast sehne ich mich von ganzem Herzen danach! Niemals ist mir ein Ort einladender erschienen. Wenigstens ein kurzes Schaudern soll diese Anabasis uns noch einjagen,

Bürgerkriegsspuren in Beirut

Libanesische Christen im Schulbus

Balkon in Beirut: Therese von Lisieux, flankiert von den Fahnen des Libanon und des Vatikans

Bischarri am Talende des Wadi Quadisha, *Hochburg der Maroniten*

Die Jungfrau und der syrische Präsident Baschar

Zwei syrische Christen löffeln ihren Laban

In Bab Scharki, dem christlichen Viertel von Damaskus

Vesper am Fest Kreuzerhöhung, Maalula

Melkitisches Sergius-und-Bacchus-Kloster bei Maalula

Paul vor einer Kirche in Syrien; der kleine Eingang sollte den gewaltsamen Einritt von Feinden verhindern

Maalula in Syrien, wo noch Aramäisch gesprochen wird, die Sprache Jesu

Bei Pater Elias (rechts) vom Basilianer-Salvatorianer-Orden

Gruppenbild mit Paolo Dall'Oglio (mitte rechts) im Kloster Mar Musa

Halt in der syrischen Wüste

Kloster Saidnaya, Syrien

Nächtlich illuminierte Klosterkreuze

Die einzige orthodoxe Kirche von Antiochien (Antakya)

Orthodoxes Georgskloster im Tal der Christen, Syrien

Türkische Bäuerin in Kappadozien

Melkitischer Priester

Hochebene von Anatolien

Verlassene Kirche im Herzen Anatoliens

Sonnenuntergang am Bosporus

Griechisches Meteorakloster

ehe wir zu den Bequemlichkeiten des Westens zurückkehren! Schließlich reißt Paul uns aus unserer Euphorie:

„Papa, fahren wir zu Abuna?"

„Ja natürlich, mein Schatz, wir fahren, wir fahren …"

Und zu unserem großen Bedauern springt der Motor auf Anhieb an … Wir biegen links ab und fahren den östlichen Berghang hinauf Richtung Dair Mar Musa al-Habaschi, zum Kloster des heiligen Moses von Abessinien. Der Legende nach soll dieser Heilige, Sohn eines äthiopischen Königs, die Krone abgelehnt haben und von zu Hause weggegangen sein, um zunächst in Ägypten und dann im Heiligen Land als Einsiedler zu leben, bis er hier von der Hand byzantinischer Soldaten den Märtyrertod erlitt. In An Nabak wird noch eine Daumenreliquie von ihm verehrt. Wir stellen den Wagen auf einem kleinen, nicht allzu steinigen Parkplatz ab. Man hatte uns vorgewarnt: Zum Kloster kommt man nur zu Fuß. Wir nehmen die Kinder auf den Arm und machen uns über eine in den Fels gehauene Treppe an den Aufstieg. Von unten fühle ich mich an den Anblick eines nepalesischen Klosters erinnert. Ein viereckiger Gebäudekomplex, der sich in den Felsen einfügt und fast damit verschmilzt. Nach zwanzigminütigem Aufstieg empfängt uns Eddi, ein Schweizer, der von Bayern aus mit dem Rad nach Kairo unterwegs ist. Auch er ist nur auf der Durchreise, nimmt sich aber noch die Zeit, uns zu erklären, daß im Kloster gerade eine Schweigestunde gehalten wird. Durch eine niedrige Tür gelangen wir tiefgebückt ins Innere. Die Mönche haben alle Rückenbeschwerden, weil sie immer durch diese Tür ein- und ausgehen müssen.

Das Kloster Mar Musa ist das verrückte Abenteuer des italienischen Jesuitenpaters Paolo Dall'Oglio, der mit 23 Jahren nach Beirut gegangen war, um dort unter Anleitung eines Scheichs Arabisch und den Koran zu studieren. 1984 im syrisch-katholischen Ritus zum Priester geweiht, hat er sein Leben der Aufgabe gewidmet, dieses im Lauf des 19. Jahrhunderts verfallene Kloster zu restaurieren und wieder mit Leben zu erfüllen. Er ist ein großer, bärtiger und herzlicher Mensch, der in klassischem Arabisch predigt und Besucher ebensogut auf arabisch wie auf englisch, italienisch oder französisch begrüßt. Die dreischiffige Kapelle ist mit Fresken aus dem 11. und 12. Jahrhundert ausgemalt; in dieser Zeit wurde das Kloster über einem alten römischen Fort errichtet, das die Straße nach Damaskus kontrolliert hatte.

Die Aussicht ist atemberaubend. Das Kloster liegt 1300 Meter über einem der Wüstentäler des Qalamun. Alles hier oben haben Menschen auf dem Rücken heraufgetragen, oder fast alles: für schwere Materialien gibt es einen Flaschenzug, der vor allem beim Bau eines zweiten Gebäudes, des Dair el-Hayek, zum Einsatz kam. Hier wird eine Schwesterngemeinschaft einziehen. Wir schlafen in kleinen Zimmern, die eher an Verschläge erinnern. Ein Beduinenzelt aus Ziegenleder bedeckt den größeren Teil der Klosterterrasse. Die Mahlzeiten werden gemeinsam eingenommen: Käse, Oliven, Brot und Tomaten, die Mönche gehen von Tisch zu Tisch und unterhalten sich mit den Gästen. Hier wird von niemandem etwas verlangt. Die Luft ist trocken, berauschend, ringsum herrscht vollkommene Stille. Die Erfahrung der Wüste ist nicht nur eine leere Floskel. Es gibt nichts zu sehen, und doch könnte man Stunden damit zubringen, seinen Blick in die Ferne schweifen zu lassen.

Dair Mar Musa wird in gewissen Reiseführern oft als eine Art mehr oder weniger spirituelles, kosmopolitisches Woodstock dargestellt. Und in der Tat trifft man hier alle Arten von Menschen … Während unseres Aufenthalts waren hier zwei Australier, ein Schweizer und ein Amerikaner zu Gast, größtenteils Nichtgläubige … Doch die Alltagswirklichkeit sieht ganz anders aus, und außerdem ist da ja auch noch die rauhe Umgebung, die den Menschen daran erinnert, daß das Glück anderswo zu finden ist ...

Gebet, Arbeit, Gastfreundschaft – das sind die drei Lebensprinzipien des gemeinschaftlichen Lebens in Mar Musa, dessen Regel 1991 in Rom approbiert worden ist. Die Postulanten bringen die ersten Monate damit zu, Arabisch zu lernen; dann kann ihr mönchisches Leben beginnen. Die Wahl des Arabischen als Sprache der Liturgie und des täglichen Umgangs der mönchischen Gemeinschaft ist zutiefst mit dem Ziel verknüpft, zur Entstehung einer positiven muslimisch-christlichen Beziehung beizutragen. Das ist die Berufung von Dair Mar Musa ... Einer Berufung, die nicht auf relativistische Weise, sondern als eine starke Präsenz inmitten einer muslimisch-arabischen Welt gelebt wird.

„Wir sind entschlossen, den christlichen Minderheiten der muslimischen Welt zu helfen, damit sie im Geist des Evangeliums ihre Rolle als Sauerteig in der islamischen Masse mit geduldiger Liebe annehmen", skandiert Pater Paolo.

Für ihn muß die syrisch katholische Kirche von Antiochien, der der Orden angegliedert ist, eine missionarische Kirche und in der Lage sein, auf der Grundlage ihrer historischen Erfahrung mit der muslimischen Welt ihre universalen Anliegen zum Ausdruck zu bringen.

Vor einigen Jahren hat der Pater in Begleitung eines anderen Mönchs eine lange Reise auf den Spuren der historischen Christengemeinden unternommen, die ihn in die Türkei, nach Armenien, in den Iran, nach Afghanistan, Pakistan und bis an die Ufer des Indus geführt hat. Alle diese Gemeinden wurden vom Apostel Thomas evangelisiert. Es entspricht der Berufungslogik des Klosters, diese christlichen Enklaven in der muslimischen Welt zu unterstützen, die dafür prädestiniert sind, diesen Gegenden die Botschaft Christi näherzubringen, ohne daß sie als Import aus dem Ausland verstanden wird.

„Wir träumen von anderen Gründungen, die für die Christen des asiatischen Kontinents wie die Etappen einer ideellen Jerusalemwallfahrt sein sollen. Eine Geste der im Geist des Evangeliums geübten Solidarität gegenüber der muslimischen Welt mit dem Ziel, sich gemeinsam für das Gute zu engagieren und die zu trösten, die arm sind und nach Gerechtigkeit dürsten“, vertraut Pater Paolo uns an und hält den Blick Richtung Wüste und Ferner Osten gewandt.

Ein Beispiel für diese vom Kloster ausgehenden Gründungen: Pater Jacques ist zum Pfarrer einer ganz kleinen, vom Aussterben bedrohten Christengemeinde in Qaryatayn ernannt worden. Er restauriert dort das Kloster Mar Elian aus dem 5. Jahrhundert. Ein Schweizer Paar hat sich bereiterklärt, einige Jahre zu bleiben, um in diesem Dorf apostolisch zu arbeiten. Sie sind Agraringenieure, doch vor allem geht es um die christliche Präsenz inmitten einer muslimischen Mehrheit.

Damit die syrischen Christen nicht emigrieren müssen, hat das Kloster sich außerdem an der Finanzierung von fünf Häusern für junge Paare beteiligt, die in der Umgebung von An Nabak bleiben wollen.

Pater Paolo gibt zu, daß ihre Berufung weder leicht zu verstehen noch leicht umzusetzen ist. Es erfordert ein hohes Niveau an theologischer und sprachlicher Bildung und zudem eine gewisse Charakterstärke, hier in der Wüste, hundert Kilometer von Damaskus entfernt, zu leben. Die Ordenstracht besteht aus einer grauen Kutte, einer schwarzen *Kufiya* – und einem Bart. Einer der Brüder, Jens, ein Schweizer, ist 1996 getauft worden, hat in Rom studiert und ist wieder in die Gemeinschaft zurückgekehrt. Boutros, ein Syrer, hatte das Kloster für einige Jahre verlassen und sich dann entschlossen, zurückzukommen. Er hat einen ungestümen, mitunter unberechenbaren Charakter, ist aber ein zutiefst demütiger Mensch. Dann ist da noch Frédéric, ein Savoyarde, dem wir vor einigen Monaten in Beirut begegnet sind und der inzwischen in der Gemeinschaft seine Gelübde abgelegt hat. Jeden Morgen begleiten wir ihn in den Stall. Er ist glücklich, wenn er Paul auf den Arm nehmen kann, damit er die Ziegen sieht. Frédéric kümmert sich um die Ziegen, und gleich nebenan liegt die Klostermolkerei, wo Käse hergestellt wird. Er betreut auch die Bienenstöcke, die man in den Felswänden rund ums Kloster sieht.

„Im Winter ist das Leben hart, aber man gewöhnt sich an alles", sagt er uns mit strahlendem Lächeln. „Zum Glück haben wir pro Monat drei obligatorische Einkehrtage, an denen wir uns in eine Einsiedelei oberhalb des Klosters zurückziehen. Da kommt man zum Nachdenken …"

Das Kloster unterhält sehr gute Beziehungen zu den syrischen Behörden, die sich für seine von der Europäischen Union finanzierten agro-pastoralen Projekte durchaus aufgeschlossen zeigen.

Wir essen mit der Gemeinschaft zu Abend. Auf der Terrasse sind auf großen Kupferplatten kleine Teller verteilt, aus denen sich jeder bedient: Auf dem Speiseplan stehen wie immer Käse, Tomaten, Brot, das man in Olivenöl tunkt. Auch die Brüder sind da. An unserem Tisch sitzen junge Syrer, die sich auf ihre Nachprüfung vorbereiten. Nach einem kurzen gemeinschaftlichen Gebet in der Kapelle ist im Kloster Schweigen vorgeschrieben.

Es ist Vollmond und fast taghell an diesem Abend, und man kann das Gebirge und das Tal, das sich in der Ferne erstreckt, ganz deutlich erkennen. Marie und die Kleinen schlafen in einer winzigen Zelle in dem den Frauen vorbehaltenen Gebäudeteil; ich begnüge mich mit dem Beduinenzelt. Viele junge syrische Christen kommen nach Mar Musa – wie der zwanzigjährige Georges und der Armenier Carlo, ein lustiger Bursche, der uns im ersten Teil der gemeinsam verbrachten Nacht mit seinen Witzen die Zeit vertreibt.

„Wir syrischen Christen sind eine Minderheit, das darf man nie vergessen. Es war dumm von den libanesischen Christen, daß sie Stärke demonstrieren wollten. Sie haben teuer dafür bezahlt“, vertraut Georges mir an. „Natürlich beschützt uns der Staat … Wir haben keine andere Wahl als den Dialog mit dem Islam. Ich habe muslimische Freunde.“

„Aber du erzählst ihnen von Christus?“

„Ich mache es wie Pater Paolo: Ich zitiere Passagen aus dem Koran, die mir in den Kram passen. Aus dem Evangelium zu zitieren ist unmöglich.“

Dair Mar Musa ist ein Hafen des Friedens und der Freiheit. Er kommt gerne hierher.

„Ich studiere Jura, aber wozu? Recht ist hier ja doch nur eine Fiktion“, gesteht er im weiteren Gesprächsverlauf ein. „Ich denke daran, irgendwann nach Kanada zu emigrieren.“

All das, was Pater Paolo verhindern will … Die Berufung des Klosters besteht auch darin, es den jungen Leuten zu ermöglichen, daß sie erhobenen Hauptes in ihrem Heimatland leben können, ohne dem trügerischen Zauber des Westens zu erliegen.

Carlo der Clown hört nicht auf, Witze zu reißen. Im Gespräch betont er vor allem die Probleme der nicht verschleierten christlichen Frauen, die in bestimmten, mehrheitlich muslimischen Städten zuweilen verfolgt und geschlagen werden.

„Ich kenne einige, die angespuckt werden. Auf dem Land schlägt man sie auch. Bisher hatte man mit den Assads an der Macht einigermaßen seine Ruhe, aber die Lage ändert sich …“

Carlo ist ein jugendlicher Heißsporn und träumt von einem Kreuzzug. Er drangsaliert seinen Freund Georges, weil der ihm zu intellektuell ist. Später sagt Georges mir unter vier Augen, Carlo sei noch jung und man solle nicht auf ihn hören, wenn er über den Islam spricht. Die Wahrheit liegt vermutlich irgendwo zwischen den beiden …

Wir brechen an einem Sonntag von Mar Musa auf. Bei Sonnenaufgang trinkt Paul sein Fläschchen; dabei sitzt er auf der Balustrade, die den Blick auf die Wüste freigibt, ohne der unendlichen Weite überdrüssig zu werden. Dasselbe gilt für Maguelone, die mit ihrer Mama darauf wartet, daß die Messe beginnt. Der Horizont ist blau, desto heller blau, je weiter man sieht. In der Kapelle, wo die Sonnenstrahlen sich mit den Weihrauchschwaden verweben, liefern die altehrwürdigen Fresken uns den Stoff für unsere Betrachtung. Es sind dieselben Themen wie in den späteren romanischen Kirchen des Abendlands: Christus in der Gloriole, umgeben von Petrus und Paulus; eine Darstellung der Hölle, in der unter anderem Bischöfe und Mönche braten. Nur daß die Inschriften hier arabisch oder syrisch sind und der Kalender, der auf einem der Fresken dargestellt ist, die Jahre nach der *Hedschra* zählt. Man betritt den mit Teppichen bedeckten Raum barfuß. Maguelone schläft schon bald auf dem Boden eines der Seitenschiffe ein. Die Messe wird hier im syrischen Ritus gefeiert, einem der ältesten christlichen Riten und Vorgänger der sogenannten byzantinischen Liturgie: Der Priester ahmt den Flug einer Taube über dem Ziborium nach, manche Gebete sind fast zweitausend Jahre alt und erinnern an jüdisches Brauchtum.

Der Gottesdienst schwankt zwischen denkbar großer innerer Sammlung, denkbar großer Feierlichkeit und denkbar großer Vertrautheit innerhalb der Gemeinde. Mitten in der Liturgiefeier rufen die Brüder einander Bemerkungen zu. Während der auf arabisch gehaltenen Predigt unterhält sich Pater Paolo mit einem Muslim, der zur Messe gekommen ist und diskret in einem Winkel des

Kirchenschiffs Platz genommen hat. Pater Paolos Tenorstimme hallt unter dem Gewölbe wider und erhebt sich ein letztes Mal zur Aussendung am Ende der Messe.

Es ist Zeit, aufzubrechen. Nach einer einfachen Mahlzeit werden wir von Pater Paolo gesegnet und verlassen das Kloster in Gesellschaft von Ali, einem jungen Muslim, der im Kloster angestellt ist. Er wird Paul den Abhang bis zum Parkplatz hinuntertragen. Ali ist sehr glücklich hier. Er verabschiedet sich von uns und ruft mir zu:

„*Abuna kuaies!* Der Pater ist genial!"

Er spricht mir aus dem Herzen …

Das Tal der Nazarener

„Die Nazarener sagen, der Messias sei Allahs Sohn. Das ist das Wort ihres Mundes. Sie ahmen die Rede derer nach, die vordem ungläubig waren."

Koran IX, 30

Wir fahren weiter nordwärts Richtung Homs und kehren in An Nabak zurück in die Zivilisation mit ihrem Beton und ihren Autowerkstätten. Von hier aus nehmen wir die Autobahn. Auf dieser Etappe begegnen wir zum ersten Mal einem Mann, dem Äußeren nach ein Europäer, mit nacktem Oberkörper, der einen merkwürdigen kleinen Wagen hinter sich herzieht und in der Hand eine Friedensfahne hält. Dieser Mann spricht nicht, er hat nichts zu sagen, er marschiert mit entschlossenen Schritten in der Hitze – rund vierzig Grad! – der späten Vormittagssonne. Zehn Tage später werden wir ihm in der Türkei wiederbegegnen: noch immer auf dem Marsch – mit nacktem Oberkörper und einem Lächeln auf den Lippen die Ausläufer des Taurusgebirges hinauf ...

Es ist heiß, sehr heiß auf dieser Autobahn, die die Steppe in zwei Hälften teilt. Bauarbeiten zwingen uns anzuhalten, während die LKWs den Kurs ändern, um schneller voranzukommen, und sich die Durchfahrt in entgegengesetzter Richtung erzwingen. Ein kleiner Schlenker nach hier und nach dort, und die Fahrer in ihren mit Federn und farbenfrohen Bildern dekorierten Führerhäuschen schieben sich, ohne mit der Wimper zu zucken, an uns vorbei. Ab und zu tauchen am Straßenrand Portraits und Standbilder von Hafiz al-Assad auf. Wir werden uns wohl daran gewöhnen müssen. In Homs biegen wir westwärts nach Tartus an der Mittelmeerküste ab. Die Landschaft wird wieder grün, die Felder sind bestellt, die ersten Hügel werden sichtbar und bilden das, was man hier Wadi en-Nasara, „Tal der Christen“ nennt. *Nasara,* so werden die Christen im Koran genannt, eine fast schon pejorative Bezeichnung, die wörtlich „Anhänger des Nazareners“ bedeutet. Jenseits der Pforte von Homs, die das syrische Küstengebirge vom Libanongebirge trennt, liegt das Land der Christen. Im Sommer ist es auch das Land der Saudis – wenn die unerträgliche Hitze der Wüste sie zu einem klimatisierten Exodus zwingt. Auf der Straße von Maschta al-Helu, einem beliebten Sommerurlaubsort der Wahhabiten, stehen wir an einer Tankstelle Schlange hinter Dutzenden klimatisierter GMCs, in denen Männer in weißen *Dschellabas* sitzen. Unser alter Oldsmobile, der seine 80 Liter braucht, wartet, bis er an der Reihe ist. Der Tankwart schenkt den Kindern Bonbons, die Saudis werden ungeduldig. Am Ortseingang empfängt uns eine armenische Kirche mit ihrem typischen großen, runden Glockenturm. Diese Region erinnert an den Libanon: kleine Dörfer inmitten von Blumen, Weinstöcken und Olivenbäume. Auf dem Dorfplatz von Maschta al-Helu treffen wir Schafik. Er ist Syrer und rothaarig wie ein Ire. Stolz zeigt er uns seine Zwillinge, die auf der Rückbank seines Lada sitzen.

„Hier gibt es nur Christen, aber diese verflixten Saudis kommen den Sommer über her, um sich zu amüsieren, das ist die reinste Invasion ...“

Tatsächlich ist dieser christliche Landstrich mit seinen frischen grünen Hügeln, der sich einige Kilometer weit an der Küste entlang erstreckt, von Hinweisschildern gespickt, die den weißen Strom der Araber vom Golf in die Hotels und Restaurants zu lenken versuchen. Es sind dieselben, die in den Sommermonaten Beirut und seine Umgebung bevölkern – für die Anwohner ein echter Segen. Hier suchen sie Kühle, aber vor allem das, was im wahhabitischen Königreich nicht erlaubt ist – fässerweise Alkohol und das, was man selbst auf Kosten der Ehre von den armen Familien kaufen kann …

Die meisten Christen hier sind Orthodoxe. In allen Dörfern, durch die wir fahren, stehen die charakteristischen Kirchen mit ihren großen Kuppeln. Die Straße paßt sich dem Profil der typisch mediterranen Landschaft aus Garrigue und Pinienwäldern an. Hier haben die Kreuzfahrer eine ihrer beeindruckendsten Festungen errichtet und den Johannitern anvertraut, den *Krak des Chevaliers,* eine mächtige Anlage, die die Pforte von Homs und damit den einzigen Zugang zum Mittelmeer kontrollierte. Ihre hohen Mauern und das Gewirr ihrer Gassen, die zu den Stallungen, Lagerräumen, Zisternen und Kapitelsälen führen, sind noch immer mit Johannitersymbolen gespickt. Es ist noch immer ein wenig berauschend, sich im hintersten Winkel von Syrien unter gotischen Gewölben und Rundbogenfenstern wiederzufinden. Ganz unten zu Füßen des großartigen Platzes, auf dem die Festung sich erhebt, liegt ein unter dem Namen Georgskloster bekanntes orthodoxes Kloster, das im 19. Jahrhundert komplett wieder aufgebaut worden ist. Sein rotes Ziegeldach ist kilometerweit zu sehen. Der Empfang ist ein klein wenig desinteressiert; die Priester ziehen es vor, sich in den Salon zurückzuziehen und Eis zu essen, während zwei junge Vorsänger eine Passage aus der byzantinischen Liturgie repetieren. Meine Fragen bleiben unbeantwortet; lächelnd hält man mir eine deutsche Broschüre mit der Geschichte des Klosters entgegen … Aber was soll's. Ein Kloster ist in jedem Fall eine Oase der Frische, und es ist immer wieder ein Vergnügen, unter den Gewölben der dunklen Kirchen zu wandeln und an der ewigen Quelle im Klosterhof zu trinken. Außerdem findet man stets Gelegenheit zu einem stillen kleinen Gebet vor der Ikonostase. Alles in allem ist es sehr touristisch hier, und die Patres wirken leicht blasiert. Als wir weiterfahren, hält auf dem Parkplatz gerade ein Reisebus voller muslimischer Touristen.

Wir werden noch einige Stunden in diesem Tal der Christen bleiben, seine bewaldeten Hügel hinauf- und hinunterfahren und einmal sogar um ein Haar mit leerem Tank mitten im Nirgendwo stehenbleiben. Überall, in jedem Dorf, durch das wir kommen, erheben sich schöne Kirchen in griechischem Stil, und an den Straßen und Kreuzungen stehen kleine Kapellen. Schließlich nehmen wir gegen Abend die Küstenstraße nach Norden, um die Nacht in Latakia zu verbringen. Nachdem wir die Gemeinschaftsschlafsäle einiger eher fragwürdiger, vor allem von einfachen Arbeitern frequentierter Pensionen und sogar ein vollkommen verdrecktes Stundenhotel in Augenschein genommen haben, stranden wir schließlich an der Promenade, die die Meeresküste säumt. Den Wagen parken wir direkt vor einer Armeekaserne – man kann ja nie wissen.

Nach zähen Verhandlungen mit dem Hotelbesitzer in seiner fettigen Küche bekommen wir wider Erwarten ein Zimmer, dessen Klimaanlage jedoch gegen die klebrige Luft vom nahen Meer nichts ausrichten kann.

Heute abend, als wir die Kinder ins Bett bringen, sehnen wir uns nach einem festen Standort: Seit unserer Abfahrt sind wir nie länger als zwei aufeinanderfolgende Nächte am selben Ort geblieben: Das Nomadenleben hat auch seine Grenzen …

Am nächsten Tag wollen wir vor unserer Aleppo-Etappe noch einigen Christen in dieser Küstenregion einen Besuch abstatten.

In Tartus, dem antiken Tortosa, meiden wir den Beton und das Meer und die arabischen Touristen und streifen zu Fuß durch die Altstadt mit ihren verschachtelten, massiven Bauten aus der Zeit der Kreuzzüge. Die Kathedrale im Stil der italienischen Gotik ist heute ein Museum. Die übrige Altstadt ist ungepflegt: spätere Hinzufügungen, unschöne Baracken, Stromkabel und Abfälle, wohin das Auge sieht. Oder ist das Leben so? Vielleicht ist es eine Marotte der Europäer, die Altstädte und die alten Steine in Museen umwandeln zu wollen, sie für den Autoverkehr zu sperren und jede Weiterentwicklung zu unterbinden. Und dann dauert es nicht lange, und die Einwohner wandern ab, die Ramschgeschäfte schießen aus dem Boden, und die Straßen füllen sich mit Touristen. Die Stadt stirbt und wird ein lebloser Kadaver, mitten in der Bewegung erstarrt ... Hier dagegen wachsen die Jahrhunderte ineinander, mischen sich und türmen sich auf zu einem orgiastischen Spektakel widernatürlicher Paarungen, hybrider Verbindungen und ständiger Anachronismen. Man kann die Zeit nicht anhalten ... Wie diese Kirche, in die wir eintreten, ohne es zu bemerken; in die Spitzbögen hat man Decken und Wände eingezogen, Antennen ragen in den Himmel, und in der Mitte dessen, was einmal ein Quer- oder Längsschiff gewesen ist, liegen Müllsäcke. Ein erschütternder Anblick.

Die Menschen, die hier leben, und vor allem die Kinder sind eine Symbiose mit dem alten Viertel eingegangen, dessen Geschichte nichts Erstarrtes an sich hat: Braun- oder rothaarige Lausbuben spielen zwischen den mächtigen Steinquadern eines ehemaligen Befestigungswalls, in dessen Schatten wir eine Limonade schlürfen. Hussein, ein zehnjähriger Bengel, kommt auf uns zu. Er ist fasziniert von unseren blonden Kindern.

„Hello, hello! America?“ fragt er mich.

„Nein, nein“, antworten wir auf arabisch, „Franzosen! Weißt du, wo ich in diesem Viertel Christen finde?“

„Nein, die wohnen nicht hier, sondern da unten“, antwortet er kurz angebunden und macht auf dem Absatz kehrt.

Dann kommt er doch wieder zurück:

„Seid ihr Christen?“

„Pst!“ antworte ich lächelnd, „sag das nicht zu laut!!!“

Hussein platzt fast vor Lachen:

„Mo meschklé ya habibi! Kein Problem, mein Freund!“

Wir halten uns in nördlicher Richtung und fahren über die schlechte Straße, die an der Küste entlang parallel zur Autobahn verläuft. Der Sand der Strände ist grau; er besteht aus jenem vulkanischen Gestein, aus dem die Kreuzfahrer einst die imposante Festung von Banyas erbauten. In der Ferne erkennt man ihre düstere Silhouette, die über die Küste wacht. Entlang der Straße erstrecken sich Felder und Sumpfgebiete. Plötzlich taucht eine kleine Kirche aus pockigem Beton auf, die das Kreuz auf ihrem Glockenturm recht hoch, aber schief in die Luft reckt. Man hatte uns von den Maroniten Syriens erzählt, und hier ist die Gelegenheit, ihnen zu begegnen, denn der Ort entpuppt sich als Pfarrzentrum für Jugendliche. In Syrien Maronit zu sein ist nicht einfach, denn es bedeutet, von einem Patriarchen abhängig zu sein, der im Libanon residiert und dem kein Wort hart genug ist, um Syriens übermächtige Präsenz im Libanon zu verurteilen. Diese wenigen syrischen Maroniten, denen wir begegnen, bilden einen ergreifenden Gegensatz zu der Dynamik ihrer libanesischen Brüder. Da ist zunächst Pater Georges, der uns begrüßt, ein gebeugter und kranker Mann, dessen Gesicht mit verklebten Warzen bedeckt ist. Hinter seinen dicken Brillengläsern kann man nur schwer erraten, was er denkt. Bei einem improvisierten Kaffee, den uns sein kerngesunder Neffe im Hof des angrenzenden Hauses serviert, nimmt die Konversation surrealistische Züge an.

„Für uns läuft hier alles gut, wir sind 50.000 Maroniten in Syrien, und die Beziehungen zu den Behörden sind bestens.“

Ich vermute dennoch, daß sie ganz besonders gründlich beobachtet werden. Doch Pater Georges beantwortet keine Fragen – er stellt sie. Dieser gute maronitische Pater aus Syrien träumt davon, vor seinem Tod nach Ars zum Grab des heiligen Pfarrers pilgern zu können.

„Wie lange braucht man mit dem Zug von Paris nach Ars? Wieviel kostet die Fahrkarte?"

Und ich, der ich nie dort gewesen bin, kann die Fragen dieses armen maronitischen Priesters nicht präzise beantworten und gerate an diesem heißen Spätnachmittag in der schweren, feuchten Meeresluft ins Schwitzen.

„Dieser Pfarrer von Ars, das war einer", sagt er immer wieder und nickt mit dem Kopf, während wir vorsichtig an unserem heißen Kaffee nippen.

Natürlich stimme ich ihm zu, und mich erfaßt ein merkwürdiges Unbehagen. Hier sitze ich und spreche über den Pfarrer von Ars, während die Kinder langsam, aber sicher Hunger kriegen und der pockige Beton dieser Kirche in der Mitte dieses sumpfigen Niemandslands mit seinen grauen Stränden mich trübsinnig werden läßt. Schon Heimweh? Dabei haben wir es gar nicht eilig, nach Europa zu kommen. Zum Glück kommen andere, sehr prosaische Fragen. Wieviel haben wir im Libanon für unseren Wagen bezahlt? Das ist nicht teuer im Vergleich zu den Preisen in Syrien. Wie hoch ist unser Budget?

Auf jede Antwort reagiert der Priester mit einem großen, fragenden Schweigen, als ob diese Summen für ihn ein Vermögen darstellten.

Der rundliche Neffe kommt seinem Onkel zu Hilfe, bombardiert uns mit einer Vielzahl weiterer, nicht weniger materieller Fragen und läßt sich die genannten Summen, wohl auch ein wenig neidisch, auf der Zunge zergehen – das Ganze im trostlosen Ambiente einer Betonkirche.

Diese Maroniten hier sind auch nicht weniger arm als die, die man in den kleinen, isolierten und abgelegenen Dörfern des Libanongebirges antrifft, und sie tun uns beinahe leid, so ergreifend sind sie in ihrem Elend.

Weißes Aleppo

„Dies ist eine sehr alte und zugleich sehr junge Stadt.“

Ibn Dschubair, *Reisebericht,* 1182

An diesem Morgen verlassen wir Latakia und seine Saudi-Strände. Ein letztes Kopfnicken für unseren schlitzohrigen Hotelier, der mir gestern noch voller Freude die neuesten Neuigkeiten von seinem nach Mekka pilgernden Sohn erzählt hat, um seine kuriosen Übernachtungspreise besser zu verpacken, und ein letzter Gruß in Richtung Gladys, eine junge Französin, die hergekommen ist, um ihre Wurzen zu suchen und Arabisch zu lernen. Ich hatte ihr über Nacht eine unserer Karten geliehen. Die Landschaft ist nun nicht mehr mediterran – adieu Garrigue, adieu Pinienwälder. Ab Latakia macht sich der Kalkstein überall breit, und man atmet die klebrige Seeluft ein. Dort, wo wir hinfahren, ist der Wind trocken und die Vegetation karg ... Wieder biegen wir ostwärts ab und weichen leicht von der Richtung ab, um die Rückkehr hinauszuzögern. Richtung Steppe, Wüste, Euphrat führt die Straße des Todes – sie heißt so, weil sie so gefährlich ist – in das 160 Kilometer entfernte Aleppo. Sie ist seit zehn Jahren im Bau. Hier und da hantieren Arbeiter mit riesigen Baumaschinen. Doch die Tunnel, Brücken oder Viadukte, die dafür sorgen könnten, daß man nicht ständig auf kurvigen Schotterstraßen oberhalb von Felsschluchten entlangfahren muß, sind noch nicht fertiggestellt. In Griechenland werden wir auf der Ost-West-Strecke quer durch Epirus ähnlich chaotische Verhältnisse vorfinden. Auf der Serpentinenstraße laufen hinter den LKWs und Leiterwagen voller Beduinenfamilien oder Landarbeitern die Bremsen heiß, und die Mechanik leidet. Nach zwei

Stunden im Schneckentempo erreichen wir die Ebene von Ghar, eine große Niederung, die entlang einer geologischen Verwerfung verläuft. Die Gegend wird trockener. Die Olivenbäume sind das einzige Grün in dieser mineralischen Landschaft mit ihren runden, langgestreckten Hügeln. Nachdem wir die nächste Anhöhe überwunden haben und auf der gegenüberliegenden Seite wieder hinaufgefahren sind, erreichen wir die Halbsteppe der weiten östlichen Ebene. Die Autobahn ist nur auf den letzten fünfzig Kilometern befahrbar; außerdem herrscht an diesem Tag eine entsetzliche Hitze – 47 Grad im Schatten, wie wir bei unserer Ankunft erfahren ... Eine Stunde vor Aleppo, als die Portraits der regierenden Familie bereits dicht an dicht die Straße säumen, gibt die Klimaanlage den Geist auf ...

In Aleppo werden wir von Hafiz begrüßt, dessen gewaltiges Portrait die westliche Stadtzufahrt schmückt.

Das weiße Aleppo ist im Winter schlammig, während der gesamte Talkessel im Sommer von einer Glocke aus Staub bedeckt ist. Diese noch vor dreißig Jahren mehrheitlich christliche Stadt hat zu Beginn des 20. Jahrhunderts den Großteil der armenischen Flüchtlinge aufgenommen, die dem Völkermord der Türken entkommen und von der damaligen französischen Schutzmacht dort angesiedelt worden waren. Mit Damaskus streitet sie sich um den Titel der ältesten Stadt der Welt. Sechstausend Jahre ununterbrochener menschlicher Besiedlung – vielleicht ist das der Grund dafür, daß man sich hier wohlfühlt. Aleppo entdeckt man nicht, man hat eher das Gefühl, schon einmal dagewesen zu sein. Wie eine Erinnerung, ein Konzentrat aus dem Erbe der Jahrhunderte, das unter der Oberfläche sichtbar wird, sobald man nur etwas am modernen Lack seiner Bewohner kratzt.

Aleppo ist eine romantische Stadt, weder durch und durch orientalisch noch durch und durch modern. Seine alte ayyubidische Zitadelle, seine alten Autos, die wie in Kuba an allen Straßenecken stehen, seine Suqs, seine Wohnblocks aus den Zwanziger- und Dreißigerjahren des letzten Jahrhunderts, seine Glockentürme und seine Stundenhotels – all das muß man einfach gesehen haben. Agatha Christie, Lawrence von Arabien und Pierre Benoit haben in seinen Hotels hier an der Orient-Expreß-Strecke Bücher geschrieben oder Komplotte geschmiedet ... Wir haben uns in Aleppo immer wohlgefühlt: Die einwöchige Flucht ins Landesinnere war in den vergangenen beiden Jahren unser Weihnachtsgeschenk.

Wie in Damaskus herrscht auch hier ein unbeschreibliches Gedränge. Dennoch ist es leicht, die Richtung zu finden. Anhand von ein, zwei Orientierungspunkten kommen wir an den Suqs entlang nach Bab Qinisrin, wo unsere Gastgeber wohnen. Im Hof stellen wir unser Gepäck in den Schatten eines riesigen Pampelmusenbaums. Es ist früher Nachmittag; unsere Gastgeber sind nicht zu Hause, haben aber für alles gesorgt. Unter der Dusche erwachen unsere Lebensgeister, und die Klimaanlage ist ein wahrer Segen.

Unsere Gastgeber sind Thaddée und Adeline, französische Konsuln, die den orientalischen Traum beharrlich leben, ohne den pseudo-orientalistischen Modeerscheinungen zu frönen. Thaddée hat sich nach einer militärischen Kooperation in Syrien verliebt. Mit ihren drei goldhaarigen Kindern haben sie sich entschlossen, mitten im islamischen Viertel in einem alten arabischen Haus zu leben, das sie auf eigene Kosten äußerst geschmackvoll restauriert haben. Geht man durch die Tür ihres Domizils, findet man sich in einem Gewirr von mittelalterlichen Gassen wieder: Passanten auf kleinen Eseln; kleine Jungen, die einen auf der Straße verfolgen wie ein Fliegenschwarm – nicht etwa um zu betteln, sondern um zu plaudern; streng verschleierte Frauen in Schwarz, die niemandem in die Augen sehen. Diese Franzosen erregen die Neugier und zugleich das Wohlwollen der Nachbarn. Während unseres Aufenthalts hier stellt Thaddée mich einem seiner Nachbarn vor, der gekommen ist, um ihm einen Höflichkeitsbesuch abzustatten. Er drückt den Frauen nicht die Hand und zieht beim Hereinkommen seine Schuhe aus. Dort oben im Salon bleiben die Männer unter sich. Der gute Mann ist Arbeiter in einer staatlichen Zementfabrik, nachdem er jahrelang im Handel zwischen Orient und Okzident tätig gewesen ist. In seinem Mercedes ist er zwischen Syrien und der Türkei, Deutschland und sogar Frankreich hin- und hergereist. Bis er eines Tages die Kontrolle über den Wagen verloren hat und mit dem Dach auf dem Grund eines Flusses gelandet ist.

„Gott hat es so gewollt, also habe ich aufgehört", sagt er uns mit breitem Lächeln.

Er ist *Hadschi,* das heißt, er hat die Wallfahrt nach Mekka gemacht, aber für die Saudis findet er nur harte Worte; sie sind für ihn „Heuchler, die von Religion keine Ahnung haben".

Dennoch wäre das islamistische Viertel von Bab Qinisrin nach einem versuchten Aufstand in den 1980er Jahren um ein Haar von der Armee niedergewalzt worden.

„Heute versteckt sich in jedem Tabak- oder Bonbonladen ein Regierungsspitzel, der die Stimmung auskundschaftet", verrät mir Thaddée, als wir am Abend in seinem alten Landrover durch Aleppo fahren.

Wir sind nur einen Katzensprung von den Suqs entfernt: zwölf Kilometer überdachte Gassen unterteilen eine sechzehn Hektar große Fläche, die ganz und gar dem Handel gewidmet ist und über Nacht völlig verlassen daliegt. Mit gutmütigen Ellbogenstößen drängelt man sich durch diese engen und staubigen Pflasterstraßen, die von einem unablässigen Summen erfüllt sind. Hier verschmilzt die Vergangenheit mit der Gegenwart; hin und wieder stößt man an einer Straßenecke auf eine historische Moschee oder einen jahrhundertealten Hamam, während ein völlig anarchisches Gewirr von Kabeln für eine behelfsmäßige Beleuchtung sorgt. Kleine von Schlägen und Lasten ganz benommene Esel taumeln gegen die Passanten, während der Reiter, oft ein kleiner Junge, triumphierend auf seinem Grautier vorüberzieht. Wir haben Freunde, die im Suq Handel treiben; das gibt uns Gelegenheit, sie wiederzusehen und an jedem Marktstand literweise Tee in uns hineinzuschütten. Außerdem können wir auf vertrautem Terrain ein wenig feilschen und mitunter sogar gewinnen. Hier wird alles verkauft: Stoffe, Gewürze, Schmuck, Teppiche und in China gefälschte Kelims, Unterkleider für Frauen, die einer Modezeitschrift der Fünfzigerjahre alle Ehre gemacht hätten und ganz unbefangen von Kundinnen beäugt werden, von denen man nur den oberen Teil des Gesichts erkennen kann. Beduinen entblößen lachend ihre Zähne, es ist, als seien alle diese Leute von einem Fieber erfaßt, das mit der unerschütterlichen Ruhe der Händler kontrastiert, die häufig im Hintergrund in einem Sessel sitzen oder mit dem Nachbarn eine Wasserpfeife rauchen. Es ist auch ein Königreich der Düfte, Eselsmist und Alepposeife, Kumin und Kardamom, Apfeltabak und gestapelte Schafsfelle, Gebäck und geröstete Maiskolben, die an jeder Straßenkreuzung angeboten werden. Die Metzger und die Gerber sind an die Peripherie verbannt und stellen dort auf großen Kupfertellern ihre Schafsköpfe aus, während die unglücklichen Kandidaten, die als nächste in der Auslage landen werden, geduldig an einem Seil ihrem Schicksal entgegensehen.

Wir werden fünf Tage in Aleppo bleiben. Das reicht gerade für einen Rundgang.

Die Paläste von Dschudaide

„Umschreitet ihn, zählt seine Türme! Betrachtet seine Wälle, geht in seinen Palästen umher, damit ihr dem kommenden Geschlecht erzählen könnt.“

Psalm 48,13

Am Eingang des modernen Viertels von Suleymanyeh sticht ein stilistisch kühnes und sehr großes Gebäude ins Auge: die syrisch-katholische Kathedrale von Aleppo. In den Siebzigerjahren des 20. Jahrhunderts in entschieden zeitgenössischem Stil erbaut, grenzt sie an die erzbischöfliche Residenz, in der ich heute morgen mit Pater Émile Assouad verabredet bin. Der kleine rundliche Pater Assouad ist eine wichtige Persönlichkeit in Aleppo. Der promovierte Kirchenrechtler ist verantwortlich für das Seminar, am Berufungsgericht des *Mohafazat* von Aleppo zuständiger Richter für die Katholiken und überdies ein unvergleichlicher Musiker, der alte Partituren der syrischen Liturgie transkribiert. Er ist verliebt in diese Stadt, die er wie seine Westentasche kennt; sein Französisch, das er mit dem typisch gutturalen Akzent der Orientalen spricht, ist perfekt, und er wundert sich, einen Franzosen kennenzulernen, der sich auch aus religiösen Gründen für seine Gemeinde interessiert. Man begegnet den Abendländern hier immer mit einem leichten Vorbehalt, empfängt sie gastfreundlich, ohne sich jedoch von ihrer Religiosität allzuviel zu erwarten. Wer aus dem Westen kommt, ist immer etwas heidnisch. Der größte Teil des Vormittags liegt bereits hinter uns, als Pater Émile mich ganz diskret fragt, ob denn meine Kinder getauft seien … Hätte ich verneint, hätte das meine Besuchszeit jedoch durchaus nicht verkürzt. Nachdem er mich im großen Empfangssaal des erzbischöflichen Palais unter dem Portrait des Erzbischofs Antoine Schahada begrüßt hat, der

Robert de Niro unheimlich ähnlich sieht, schlägt Pater Émile mir einen Besuch des christlichen Viertels Dschudaide vor. Nachdem Tamerlan die Stadt erobert und das neben der Zitadelle gelegene christliche Viertel dem Erdboden gleichgemacht hatte, ließen sich die Christen hier nieder. Die engen mittelalterlichen Gassen sind von arabischen Palästen gesäumt, die nach außen hin streng und schmucklos wirken, sich aber als wunderschön entpuppen, sobald man die Türschwelle übertritt. Die Anlage im Inneren ist stets dieselbe: ein Hof, Mauern mit in Stein gemeißelten Reliefmotiven, ein Marmorbrunnen und ein von Jasmin und Zitronenbäumen umstandener Pavillon. Im hinteren Teil des Hofs befindet sich der *Iwan* mit seinem majestätischen Bogen und seinen bemalten Holzwänden. Heute sind in diesen Palästen Luxusrestaurants untergebracht – ein Luxus, bei dem man für ein reichhaltiges Menü zehn Dollar bezahlt: das berühmte Hotel Sissi, in dem Lawrence von Arabien abstieg und das den armenischen Jerusalempilgern als Quartier diente, oder das Haus Wakil, in dessen arabischen Dekorationen diskrete christliche Symbole versteckt sind, die mir mein Stadtführer zeigt. Pater Émile ist hier zu Hause, und er ist stolz darauf. Auf der Straße grüßt man ihn mit einem respektvollen *„Abuna"*. Drei alte Männer, die auf der Schwelle eines Ladens Tricktrack spielen, wollen ein Glas mit uns trinken. „Wir haben es eilig, das ist ein französischer Reisender", ruft er ihnen stolz auf arabisch zu, ehe er sich wieder an mich wendet: „Hier kennen mich alle!" Im Beit Wakil setzen wir uns an einen Tisch, und sofort kommt ein Kellner und serviert uns Erfrischungen.

„Hier werden die Priester von allen respektiert, weißt du? Sogar die Polizisten sind höflicher – die Soutane ist unantastbar."

Als ich die Rechnung bezahlen will, nimmt er mich am Arm und zieht mich nach draußen.

„Laß", sagt er, „das geht aufs Haus."

Unter diesen Gassen und Palästen existiert ein komplexes Netz aus unterirdischen Tunneln, die in den Kalkstein gegraben sind. Der Pater geht mit mir hinein und erklärt mir, daß sie den Christen als Unterschlupf gedient haben und aus der Stadt herausführen. Außerdem dienten sie als Vorratsräume, um einer eventuellen Belagerung standzuhalten.

In der Jasminstraße liegen sämtliche Kirchen von Dschudaide und der ehemalige Sitz des syrisch-katholischen Patriarchen, der inzwischen nach Beirut verlegt worden ist – er befindet sich gegenüber dem Nationalmuseum und unglücklicherweise gleich an der Demarkationslinie zwischen dem Osten und dem Westen der Stadt. Das Gebäude in Aleppo beherbergt heute ein kleines Seminar, an dem eine Handvoll Seminaristen ausgebildet werden. Anschließend führt Pater Émile mich in sein Büro. In diesem riesigen Raum unterzeichnete der orthodoxe Bischof von Aleppo 1781 den Vertrag mit den Vertretern Roms, der seine Kirche der katholischen Ostkirche eingliederte. Pater Émile läßt die Szene lebendig werden: der Bischof von Aleppo, umgeben von Diakonen und Priestern seiner Kirche, und ihm gegenüber eine Jury aus einem Kurienkardinal, franziskanischen Missionaren und dem unvermeidlichen Jesuiten, während draußen eine von den Orthodoxen aufgehetzte Meute versuchte, den Vertragsschluß zu verhindern.

Pater Émile blättert in alten syrischen Partituren, an deren Transkription er gerade arbeitet. Er ist sehr gut mit einem berühmten Franzosen bekannt, der schon lange in Aleppo lebt, zum Islam konvertiert ist und sich als Experte für orientalische Musik einen Namen gemacht hat.

„Er ist ein Gauner! Wir sind zerstritten: Ich habe ihm einen Familienteppich verkauft, und er hat bis heute nicht bezahlt ..."

Die Kapelle der ehemaligen Bischofsresidenz ist mit ihrem Säulenaltar und ihren regelmäßigen Bodenfliesen, die hier und da ein Buchstabe des syrischen Alphabets ziert, in reinstem syrischem Stil gehalten. Die Anlage der Kirche ist wie bei allen syrischen Kirchen von der Anlage der Synagogen inspiriert. Die Decke ist stellenweise rauchgeschwärzt: Im 19. Jahrhundert war das Gebäude bei Unruhen in Brand gesteckt worden, die unter der Hand von den Osmanen angezettelt worden waren. Hier wird ein seltsamer bärtiger Heiliger verehrt, der ein Mädchen von einem Zauber erlöst haben soll: Sie hatte einen Priester verhöhnt und war von einer Schlange besessen, die man in der Gegenwart des Heiligen durch ihren Mund aus ihr herauskommen sieht.

Wir verlassen die Jasminstraße, die Besichtigung ist beendet. Vor einem Stoffgeschäft bleibt *Abuna* demonstrativ stehen, um Ali, einen muslimischen Kaufmann, zu begrüßen.

„Wie du siehst, haben wir sehr gute Beziehungen zu den Muslimen“, sagt er zu mir, als ob er mir etwas beweisen müßte.

Danach begegnen wir drei jungen Christinnen, die er väterlich umarmt und denen er Bonbons schenkt (jeder Priester im Orient hat in einer der Taschen seiner Soutane Süßigkeiten versteckt, die er – zuweilen sogar während der Gottesdienste – an die Kinder verteilt).

„Sie waren meine Schülerinnen. Eine von ihnen will übrigens ins Kloster gehen.“

Und dann ist Pater Émile ganz Kavalier, winkt den drei jungen Damen ein Taxi heran und bezahlt die Rechnung im voraus. Für mich wird er am Fischplatz im Zentrum von Dschudaide dasselbe tun. Dieser Platz ist vor kurzem renoviert und neu gepflastert worden, und immer parken hier ein oder zwei Chevrolets aus den 1950er Jahren und der übliche, vollkommen fahrtüchtige Citroën Traction.

„Bab Qinisrin“, ruft Pater Émile dem Fahrer zu.

Ich habe gerade noch Zeit, ihm zu danken. Dann sehe ich seine massige Silhouette im Gassengewirr des christlichen Viertels verschwinden.

Neues von den Christen im Irak

„Alle Kraft verliert sich, wenn man sie nicht bündelt."

La Fontaine, *Fabeln*

Unser Auto ist in der Werkstatt: Der Kompressor der Klimaanlage muß unbedingt ausgewechselt werden. In Syrien und vor allem in Aleppo bekommt man sämtliche amerikanischen Ersatzteile, und die armenischen Mechaniker vollbringen wahre Wunder. Nach zähen Verhandlungen versichert man mir, daß es nur 24 Stunden dauern wird, um das Ersatzteil zu besorgen und den Wagen zu reparieren. Versprochen ist versprochen – nur der Preis ist nicht mehr ganz derselbe wie anfangs vereinbart ... Was soll's, wir sind im Orient, und ich habe ohnehin keine Wahl. Einen Armenier darf man nie unterschätzen. In der Zwischenzeit fahren wir mit dem Taxi.

Taxifahren ist in Aleppo ein wahres Vergnügen. Man steigt in eines dieser kleinen gelben Autos – chinesische Fabrikate, die man in Europa gar nicht kennt –, und wenn man nur ein wenig Arabisch spricht, ist es ein echter Genuß – von den bescheidenen Preisen einmal ganz abgesehen. Mein Fahrer heute ist morgens Soldat und fährt abends Taxi; er ist ein glücklicher Muslim und redet gerne darüber. Vermutlich betont er es so sehr, weil ich ihn gebeten habe, mich ins christliche Viertel von Suleimanyeh zum Sitz des chaldäisch-katholischen Bischofs zu bringen. Alle Themen kommen an die Reihe: die Israelis, die Amerikaner, und wie schön es in Syrien ist, nicht wahr? Ich quittiere jeden seiner Monologe mit einem breiten Lächeln und einigen Höflichkeitsfloskeln. Dann die unvermeidliche Frage:

„Du studierst Arabisch? Dann wirst du dich doch bestimmt zum Islam bekehren? Weißt du, in Frankreich gibt es immer mehr von uns ..."

Mit freundlichem Lächeln antworte ich, daß ich mit ihm lieber nicht über Religion sprechen möchte, daß ich jedoch Christ bin.

„Du hast recht", pflichtet er mir bei, „besser, wir reden nicht davon, wir sind jetzt einfach Freunde!"

Und weil ich auch finde, daß sein Land sehr schön ist, und die Amerikaner natürlich nach der Weltherrschaft streben und ich Franzose bin, sind wir schon bald sehr gut befreundet.

Beim Abschied läßt er sich noch einmal hinreißen und ruft:

„Der Islam ist großartig, weißt du?"

Ich halte ihm meinen Fünfzigpfundschein hin, und er weist ihn höflich zurück:

„Du bist mein Freund! Gott schütze dich!"

Und fährt mit einem Aufheulen seines keuchenden Motors wieder los. Endlich einmal ein glücklicher Muslim ohne Komplexe ...

Die Messe von Bischof Antoine Audo neigt sich dem Ende zu. Er ist der chaldäisch-katholische Bischof von Aleppo. Diese alte christliche Kirche, die auf den Apostel Thomas zurückgeht und auch assyrische Kirche genannt wird, besteht größtenteils aus Irakern, jedoch auch aus einigen Tausend Syrern. Ihre Kathedrale in Aleppo wurde in den 1970er Jahren in neobabylonischer Reminiszenz erbaut; daneben reckt seit kurzem eine gewaltige Moschee ihre vier riesigen Minarette in den Himmel. Bischof Audo lädt mich herzlich ein, im Hof des Pfarrzentrums gleich neben der Kirche einen Kaffee mit ihm zu trinken. Langsam bricht nach einem erdrückend heißen Tag der Abend über Aleppo herein; in der Ferne sieht man in einer Wolke aus Staub die Vororte, die die Berghänge überziehen. Ich betrachte diese jungen Christen, die Basketball oder Karten spielen und die der Bischof wie seine Kinder behandelt. Sie alle sind Abkömmlinge einer der ersten und ehrwürdigsten christlichen Gemeinschaften. Unsere Unterhaltung wird zuweilen unterbrochen, wenn einer der Jungen den Bischof augenzwinkernd mit einem *„Saidna"*, „Exzellenz", begrüßt oder wenn der Sakristan uns Kaffee und „Süßheiten" bringt. Man ist hier weit von dem Protokoll entfernt, das bei anderen religiösen Würdenträgern eingehalten wird, und der Prälat ist gekleidet wie ein einfacher Priester. Bischof Audo ist ein Opfer der Pflicht: Ursprünglich war er Jesuit und im Libanon stationiert, Professor an der *Université Saint-Joseph,* Verfasser einer theologisch-soziologischen Dissertation über den Einfluß des alawitischen religiösen Denkens auf die baathistische Ideologie, bis er vor fünfzehn Jahren auf den vakanten chaldäisch-katholischen Bischofssitz von Aleppo berufen wurde. Warum er? Neben seinen intellektuellen Fähigkeiten hatte er den Vorteil, Syrer zu sein und von beiden Elternteilen her dem chaldäisch-katholischen Ritus anzugehören. Da die Ernennung der kirchlichen Würdenträger hier der Kontrolle der syrischen Behörden unterliegt, war er der ideale Kandidat. Ein bemerkenswerter Verzicht, den der Mann da geleistet hat. Zunächst, so vertraut er mir an, habe er diese seelsorgerische Aufgabe, die ihn so weit von seiner Universitätsarbeit entfernen würde, abgelehnt, dann aber letztlich doch angenommen. Inzwischen hat er das Gleichgewicht zwischen Aktion und Reflexion gefunden und zwingt sich, regelmäßig Artikel in verschiedenen theologischen Zeitschriften zu veröffentlichen. Bischof Audo ist ein Hirte, sanftmütig wie sein auf unbestimmte Weise trauriger Blick, und spricht ein perfektes Französisch, das er im Lauf mehrerer Studienjahre an den Universitäten von Paris und Toulouse vervollkommnet hat.

„Deine Landsleute in Toulouse haben 1968 vielleicht einen Unsinn geredet“, erklärt er mir lachend.

Die Christen in Syrien genießen eine gewisse Freiheit, versichert er mir. Der Religionsunterricht an den öffentlichen Schulen ist auch für die Christen bis zur Oberstufe verbindlich. Unter den wachsamen Augen der Regierung ist ein gemeinsamer Katechismus für alle christlichen Gemeinden erarbeitet worden, die hier – Katholiken wie Orthodoxe – eine bemerkenswerte Einigkeit an den Tag legen.

„Weißt du, was für ein Ereignis uns hier in Aleppo in den nächsten Tagen bevorsteht? Wir organisieren zum ersten Mal einen Katholikentag für die syrische Jugend. Und wir haben die Unterstützung der Regierung.“

Wenn man weiß, daß drei Personen, die auf der Straße beieinanderstehen, von der syrischen Polizei bereits als Bedrohung wahrgenommen werden, kann man sich nur schwer vorstellen, daß dieselben Ordnungskräfte eine Versammlung von fünftausend jungen Christen flankieren sollen. Das Motto der Veranstaltung lautet: „Das Salz der Erde und das Licht der Welt: gemeinsam für Christus im Schoß der Kirche und in der Nation“. Später werde ich erfahren, daß das Ereignis ein voller Erfolg gewesen ist. Natürlich ist sie zu einer gewissen Regimetreue verpflichtet, doch insgesamt hält die syrische Kirche sich gut, obwohl ihre Kinder noch immer kontinuierlich auswandern.

Der chaldäische Bischofssitz von Aleppo spielt seit einigen Monaten auch eine strategische Rolle, da viele chaldäische Iraker nach Syrien geflohen sind. In Aleppo sind es etwa 15.000, die darauf warten, heimkehren oder zu einem Bruder oder Cousin nach Europa reisen zu können. Syrien hat die Grenzen geöffnet und erlaubt es den jungen Irakern, sich an den Schulen einzuschreiben. In dieser Stadt, in der so viele Christen leben, fühlen sich die Chaldäer nicht ganz so heimatlos. Eine franziskanische Nonne, Oberin eines irakischen Klosters, ist auf der Durchreise von Rom nach Bagdad und setzt sich zu uns. Die kleine entschlossene Frau spricht nur Arabisch und Italienisch und wird am nächsten Tag in den Irak weiterreisen. Ich frage sie, wie das möglich ist, ohne den Weg durch Jordanien nehmen zu müssen.

„Ein Wagen erwartet mich auf der anderen Seite der Grenze in der nordirakischen Wüste", antwortet Saidna.

Offenbar kommt man dort ohne Schwierigkeiten durch ... Wahrscheinlich wird sie den „arabischen Kämpfern" begegnen, von denen man so viel spricht und die in den Vororten von Beirut, Damaskus und Kairo rekrutiert werden. Diese Libanesen, Syrer und Ägypter bevorzugen diese Route in den Irak, die den Vorteil hat, daß man nicht über Amman fahren muß. Ich kann sie mir sehr gut vorstellen in der Gesellschaft dieser bärtigen Männer in *Kufiya* und Kampfanzug, wie sie mit ihren 1,50 Metern Körpergröße das Kinn hochreckt, überzeugt, daß ihr großes Brustkreuz sie vor jeder Feindseligkeit schützt. Die Christen im Irak leben in ständiger Angst, aber, so versichert mir die Ordensfrau, sie sind eher Opfer der allgemeinen Unsicherheit als einer Verfolgung im eigentlichen Sinne. Beruhigende Worte, die, wie alle Äußerungen offizieller Vertreter des Christentums, von der Notwendigkeit bestimmt sind, das friedliche Nebeneinander von Muslimen und Christen aufrechtzuerhalten. Dennoch entsprechen diese beschwichtigenden Worte nicht immer ganz der Realität: Seit August 2004 sind aufgrund ihrer angeblichen Verbindungen mit dem Abendland die irakischen Christen Zielscheibe blutiger Anschläge auf ihre Kultstätten gewesen ... Und ihr Exil geht weiter.

Den Euphrat entlang

„Die Wüste ist monotheistisch."

Ernest Renan

An einem milden Vormittag, als die Temperatur auf etwa 35 Grad gesunken ist, entscheiden wir uns für einen Ausflug nach Osten, Richtung irakische Grenze, zum Fluß al-Furat oder Euphrat. Hinter Aleppo – stadtauswärts wimmelt es von Menschen, die auf dem nackten Boden alle Arten von Waren feilbieten – verläuft die Straße schnurgerade. Der kanalisierte und umgeleitete Euphrat wird hier landwirtschaftlich genutzt: Wir sehen riesige Weizenfelder, hier und da einige Höfe und provisorische Vorratsspeicher. Die große östliche Ebene müßte eigentlich eine eintönige Wüste sein; menschlicher Einfallsreichtum und sozialistische Planwirtschaft haben daraus eine intensiv bewirtschaftete Agrarfläche gemacht. Doch hinter Maskaneh dehnen sich zu beiden Seiten der Straße nur mehr unfruchtbare Steppen aus, bis wir in der Umgebung von Dair ez-Zor an das zweite große Wasserreservoir kommen. Unterwegs begegnen uns lediglich einige Tankwagen, die vermutlich aus dem benachbarten Irak kommen. Außer einem Hirtenjungen, der inmitten seiner abgemagerten Schafe auf einem Esel sitzt, begegnen wir vor dem Staudamm am Euphrat keiner Menschenseele. Ein Foto im Tausch gegen Seife aus Europa, und Kamal sieht erstaunt dem sich wieder entfernenden Auto hinterher. In diesem Tempo sind die zweihundert Kilometer bis zum Assad-Staudamm rasch zurückgelegt. Eine unerwartete Pfütze unter dem Motor, die wir nach einer Armeekontrolle entdecken, zwingt uns kurz vor dem Staudamm, in einem Dorf einen Zwischenstop einzulegen. Werkstätten gibt es in Syrien überall, sogar in der Wüste, das schwierigste ist es, die Straße zu finden, die dorthin führt, denn im Grunde sind die Straßen hier nur mit Löchern übersäte Gräben. Schließlich ist es ein Vater mit seinen drei Söhnen, der unseren Motor in Augenschein nimmt. Wir sind isoliert, zweihundert Kilometer von Aleppo entfernt, verwundbar und in den Augen dieser Leute wahrscheinlich so etwas wie Dollarmillionäre. Triumphierend taucht der älteste Sohn wieder unter der Motorhaube hervor: Es ist nur der Wasserbehälter der Scheibenwaschanlage, der umgekippt ist und nun tropfenweise ausläuft.

„Kein Problem! Gott schütze euch", ruft er mir zu und lehnt den Dollarschein ab, den ich ihm dennoch hinhalte.

Erstaunlich, diese Syrer ...

In der ruhigen Oberfläche des Assad-Sees spiegelt sich der klare blaue Himmel. So viel Wasser inmitten dieser ausgedehnten Wüstenflächen, das ist schon fast schamlos. Den Polizeiposten auf dem Staudamm schmückt ein riesiges Portrait des verstorbenen *Raïs*. Ein Foto ist Pflicht, aber offenbar verstoßen wir damit gegen irgendeine Vorschrift, denn sogleich tauchen zwei *Muchabarat* rechts und links von uns auf. Unglücklicherweise haben wir unsere Ausweise in Aleppo zurückgelassen. Ich habe nur meinen libanesischen Kraftfahrzeugschein und meinen Optimismus – schließlich sind Arabischkenntnisse nur ein weiterer Beweis für meine mutmaßliche Spionagetätigkeit. Glücklicherweise entdeckt der *Muchabarat* die beiden Blondschöpfe, die wir im Auto haben, und verabschiedet sich schließlich nach langem Nachdenken von dem Szenario eines vom *Mossad* eingefädelten Coups. Dennoch nimmt der Offizier peinlichst genau unsere Namen und das Nummernschild zu Protokoll.

Ich lasse mich auf arabisch anschnauzen, schwöre bei Gott, es nie wieder zu tun, und werde aufgefordert, mich aus dem Staub zu machen, ehe mein Gegenüber seine Meinung ändert …

Endlich finden wir ein Stück dammaufwärts Zuflucht im Schatten eines Armeegebäudes. Muhammad, Mitglied des zur Beaufsichtigung des Staudamms abgeordneten Sonderkommandos, in Kampfanzug und roter *Kufiya,* steht gerade Wache. Großzügig zeigt er uns einen Platz, wo wir zu Mittag essen können – unter dem Siegel der Verschwiegenheit, versteht sich, denn der Colonel wohnt nicht weit entfernt. In Wirklichkeit langweilt er sich hier ganz fürchterlich, und es passiert schließlich auch nicht alle Tage, daß man einer Familie französischer Nomaden begegnet. Er stammt aus Latakia und ist diesem Posten seit sechs Monaten zugeteilt. Der Zweck unserer Reise interessiert ihn nicht wirklich, aber er hat ein Faible für Kfz-Mechanik. Also liefern wir unseren Motor seinen begehrlichen Blicken aus und dürfen im Gegenzug ein Foto machen: unsere beiden Kinder und er mit umgehängter Kalaschnikow.

Ehe wir uns wieder auf den Weg nach Aleppo machen, entscheiden wir uns, noch ein Stück weiter nach Osten zu fahren. Rechts von uns erhebt sich 25 Kilometer vor Ar-Raqqa mitten in der Wüste die faszinierende Stadt Resafa, das antike Sergiopolis.

Sergius war ein römischer Soldat, Kommandant eines Elitekorps der Kavallerie, das die persönliche Leibwache des Kaisers Maximinus Daia bildete. Das war zu der Zeit, als die Kaiser Rom bereits aufgegeben hatten und in Kleinasien residierten. 213 n. Chr. wurde Sergius beim Kaiser als Christ denunziert. Dieser befahl ihm, seiner Religion abzuschwören. Sergius' Weigerung war der Beginn eines langen Martyriums, das nach einem strapaziösen Marsch von tausend Kilometern quer durch Kleinasien in Resafa endete. Dort wurde Sergius am 7. Oktober 312 enthauptet, nachdem man ihn gefoltert hatte: Man ließ ihn mit

Nägeln gespickte Stiefel anziehen und darin mehrere Kilometer vor dem Wagen des Präfekten des Orients Antiochos herlaufen. Die Popularität dieses Heiligen war enorm. Auf unserer Reise bis nach Istanbul werden wir noch häufiger an Kirchen vorbeikommen, die dem heiligen Sergius geweiht sind. Resafa wurde zu einem Wallfahrtsort, den Kaiser Justinian mitten in der Wüste für die zum Glauben an Christus bekehrten Stämme errichten ließ. Ein Wunder: die gesamte Stätte wurde aus rosafarbenem Gipsstein erbaut und war von einer fortlaufenden Mauer umgeben; in der Mitte lag eine mehrschiffige Basilika, deren Chor und Apsiden noch gut erhalten sind. Draußen herrscht eine Affenhitze. Unser kleiner Paul tollt mit der *Kufiya* auf dem Köpfchen zwischen diesen byzantinischen Ruinen umher – den umgestürzten Überresten einer Epoche, in der die menschliche Geisteskraft unter extremen Bedingungen solche Monumente erschaffen und in einem Stil auf die Verblendung der Heiden reagieren konnte, den wir heute prometheisch nennen würden.

Höhlenheilige und Säulenheilige

„Es wird eine Zeit kommen, da die Menschen verrückt sein werden, und wenn sie jemandem begegnen, der nicht verrückt ist, werden sie zu ihm sagen: Du hast den Verstand verloren."

Antonius der Große, 4. Jahrhundert

Als wir Aleppo verlassen, erfaßt uns ein Gefühl der Unruhe. Aleppo war unsere letzte Etappe in Syrien, das heißt auf bekanntem Terrain. Die nahe Türkei erscheint uns fremd, gefährlich, unberechenbar. Ich spreche kein Wort Türkisch, und wir wollen das Land von Süden nach Norden durchqueren. Bis nach Istanbul sind es etwa 1500 Kilometer. Auf der Karte machen uns die riesigen Dimensionen angst, und die Ortsnamen, die nichts mit der arabischen Sprache zu tun haben, sind ein weiterer Grund zur Sorge. Wir ertappen uns bei dem Gedanken, daß die Araber uns fehlen werden ...

Nach einem letzten Rundgang durch das Viertel Sulemanyeh, bei dem wir uns mit Proviant versorgen, fahren wir geradewegs nach Westen in Richtung des Sandschak von Alexandrette, wie diese syrische Provinz früher hieß, die die Franzosen am Vorabend des Zweiten Weltkriegs wenig ruhmreich den Türken überlassen haben. Syrien selbst erkennt die internationale Grenze auf seinen offiziellen Karten nicht an und behandelt sie als Provisorium. Rache ist süß: Wenn ein Franzose aus der Türkei kommt, erhält er an den Grenzposten dieser Region kein Visum, sondern muß nach Ankara zurückkehren.

Zum ersten Mal seit Beginn unserer Reise fahren wir in nordwestlicher Richtung. Als wir die Vororte von Aleppo hinter uns gelassen haben, verläuft die Straße an trockenen, olivenbestandenen Hügeln entlang. In den letzten Dörfern vor der türkischen Grenze werden die Blicke, die man uns zuwirft, neugierig und verstohlen. Gruppen von Frauen fahren auf der Ladefläche kleiner Lastwagen zur Ernte und werden entlang den Parzellen abgesetzt. Dann wird das Gelände hügelig, an den Kalksteinhängen wachsen Kräuter. Wir sind im Gebiet der „toten Städte“, byzantinischen Dörfern aus dem 4. bis 6. Jahrhundert, die nach diversen Erdbeben und Invasionen schließlich verfallen sind. Heute ist die Gegend menschenleer. Nur einige imposante Häuser und Kirchen stehen noch, ohne Gebälk und Dach, nur die großen Steinquader haben den Jahrhunderten getrotzt. Die sehr früh christianisierte Region war schon bald berühmt für ihre ziemlich eigentümlichen Eremiten: die Höhlenheiligen, die in einem in den Berg gehauenen Loch lebten und sich von Kräutern ernährten, die in den Felsritzen wuchsen; die Dendriten, die sich auf hohle Bäume zurückzogen; die Styliten, deren berühmtester, der heilige Symeon Stylites der Ältere, vierzig Jahre lang auf der Spitze einer Säule lebte und die ratsuchenden Pilger und Gläubigen scharenweise anzog. Ein großer Heiliger, dessen Ruf sich in der ganzen christlichen Welt verbreitete. Sogar in Antiochien fand er Nachahmer; hier beschlossen mehrere Eremiten seinem Vorbild zu folgen und ebenfalls auf einer Säule zu leben. Theodoret von Cyrus schreibt im 6. Jahrhundert: „Da er weltberühmt ist, drängen sich alle zu seinen Füßen. Die Menge eilt von allen Seiten herbei und die Straßen ähneln Flüssen, so daß man ein Meer von Menschen sehen kann, das an diesem Ort zusammenströmt. Nicht nur die Bewohner unserer Weltgegend, sondern auch Ismaeliten, Perser, Armenier und Menschen von noch weiter her: Spanier, Bretonen und Gallier, die zwischen diesen beiden Völkern leben. Von Italien ganz zu schweigen …“

Heute sind es die muslimischen Syrer, die freitags mit ihren Familien in den großartigen Ruinen der gewaltigen

Sergius-Basilika (ihre Grundfläche beträgt nicht weniger als 10.000 Quadratmeter) zusammenströmen, um unter ihren Bögen zu picknicken und auf ihren guterhaltenen Mauern herumzuklettern. In der Mitte des ehemaligen Hauptschiffs sieht man noch heute die Basis und den Stumpf von Symeons Säule. Trotzdem ein merkwürdiger Heiliger, der sich ganz und gar den göttlichen Dingen zugewandt hatte. Man erzählt, daß ein Mönch zu ihm geschickt worden sei, um ihn vor der bevorstehenden Invasion der Barbaren zu warnen und ihm zu erklären, daß diese alles plündern würden. Aber Symeon wußte nicht, was Eigentum ist. Sein Gefährte fühlte sich verpflichtet, es ihm zu erklären.

„Eigentum, das ist das, was dir gehört."

Symeon verstand nicht.

„Nehmen wir ein Beispiel. Hier, dieser Stock, das ist doch deiner, er gehört dir, nicht wahr? Nun gut, jetzt gehört er mir."

„Ist gut, behalt ihn."

„Nein, nein, du mußt reagieren, schließlich habe ich ihn dir gestohlen!"

„Aber warum? Behalt ihn ruhig!"

So war Symeon. Ein Einsiedler, der zum Leben nichts weiter brauchte als Luft, Wasser und einige Brotkanten.

Etwas weiter nördlich erheben sich die großartig erhaltenen Überreste der Basilika von Qalb Lozeh. Die Straße verläuft in sanften Kurven durch die Kalksteinhügel, auf denen die syrischen Bauern hartnäckig mit ihren mageren Pferden den steinigen und undankbaren Boden bearbeiten. Vor der eigentlichen Ortschaft Qalb Lozeh erhebt sich noch heute auf dem gegenüberliegenden Hügel eine alte Kirche. Die Kreuze auf ihren Steinen hat man mit Hämmern abgeschlagen, und im Inneren dessen, was einmal das Haus des Priesters gewesen ist, weidet unter freiem Himmel friedlich ein Esel. Sein Besitzer, ein Druse mit buschigem Schnurrbart und in traditioneller Tracht, *Sirwal* und weißer Weste, wacht über seinen Gefährten und starrt uns an. Die Drusen sind in Syrien eine sehr kleine Minderheit. Das Dorf Qalb Lozeh ist eine der wenigen von Drusen bewohnten Ortschaften entlang diesem Kalksteinmassiv, das ihnen und den Kurden Zuflucht bietet. Im eigentlichen Dorf empfängt uns ein ganzer Schwarm von Kindern, die sich um uns drängen, weil sie die kleinen Blondschöpfe sehen wollen. Dabei kann man gar nicht einmal sagen, daß sie hier eine Seltenheit wären. Diese kleinen Drusen, Mädchen wie Jungen, sind alle blond oder brünett und haben helle Augen. Das Dorf ist extrem arm, doch die Kinder sind fröhlich und zu Streichen aufgelegt. Einer von ihnen schießt mir einen Ball vor die Füße, und ich schieße zurück. So entspinnt sich ein Fußballspiel auf dem Vorplatz einer bis auf Balkenwerk und Dach vollkommen erhaltenen ehemaligen christlichen Basilika. Die Schar blonder Kinder läuft hinter mir her, während ich mit raschem Blick hier und da ein Kreuz entdecke, eine Nische, wo einmal eine Heiligenstatue gestanden haben muß, ein Freskofragment in dem großartig erhaltenen Chor ... Schließlich haben die kleinen Drusen genug von dem Franzosen. Immerhin habe ich sie nicht enttäuscht, denn keiner der armen Kleinen kennt Zidane – diese Art von Information dringt nicht bis nach Qalb Lozeh vor.

Als wir weiterfahren wollen, nähern sich einige Mädchen. Sie halten uns einfache Stickereien in leuchtenden Farben hin, auf grobes Tuch gestickte Pfauen und Pferde. Eine von ihnen hat ihren kleinen Bruder dabei, aber er hat Angst und läuft weg, sobald ich näherkomme. Sie sind schön, diese kleinen drusischen Syrerinnen, und der Dreck auf ihren Gesichtern vermag nicht über die Anmut ihrer Züge hinwegzutäuschen. Was wird in zehn Jahren aus ihnen geworden sein? Zwangsverheiratete Frauen, die durch das harte Leben hier frühzeitig gealtert sind? Sie lassen die Scheine in ihre Taschen gleiten, ehe sie davonflattern wie ein Schwarm Spatzen …

Unterwegs zur Grenze. Ein hochoffizielles Hinweisschild zeigt uns in syrischer und englischer Sprache die Richtung an: die Türkei wird zu *Trukey*. Hier beginnt das Grenzgebiet – gute Bedingungen für Handel aller Art. Türkische LKWs kommen zum Tanken nach Syrien, und die Verkaufsstände, die die Straße säumen, tragen bereits türkische Aufschriften. Doch der Grenzposten versteht keinen Spaß. Der liebenswürdige Funktionär, der die Aufgabe hat, unsere Pässe abzustempeln, hat sich hinter seinem verräucherten Schalter verschanzt und nimmt sich Zeit. Viele Türken sind genauso ungeduldig wie ich, in die Türkei zu kommen, und drängeln sich fröhlich vor. Nachdem ich diesem Spielchen fünf Minuten lang zugesehen habe, wende ich mich auf arabisch an den Zöllner und erkläre ihm in gewählten Worten, was ich davon halte.

„Franzosen? Ich bitte um Entschuldigung", antwortet er auf arabisch und ruft die Türken lautstark zur Ordnung. Einige Stempel weiter kommt schließlich die letzte Kontrolle. Der syrische Armeeangehörige, der für den letzten Stempel zuständig ist, sieht nicht aus, als wäre mit ihm gut Kirschen essen. Er ist ein Riese und läßt die türkischen Autos komplett auf den Kopf stellen. Die Rücksitze werden schonungslos ausmontiert, die Gepäckstücke systematisch geöffnet. Ob Renault 12 oder Mercedes – alle erleiden sie das gleiche, unerbittliche Schicksal, während der liebenswürdige Zollbeamte mir zerstreut meinen Paß zurückgibt und sich damit begnügt, den Deckel unseres zum Platzen vollgepackten, riesigen Kofferraums zu öffnen und wieder zu schließen. Er macht sogar Späße mit den Kindern.

Ein letztes Flattern der syrischen Fahne mitten im Schotter, und wir verlassen den Grenzposten. Mit Syrien lassen wir auch die arabische Welt hinter uns, und es versetzt unserem Herz einen kleinen Stich. Die Schranke geht hoch: Wir sind in der Türkei.

Türkei
Erinnerung an die Christen

Mausefalle Antiochien

„In Antiochien nannte man die Jünger zum ersten Mal Christen."

Apostelgeschichte 11,26

„Please? Do you speak english? Btehki arabi aw fransewi?"

Ich ahne bereits, daß ab jetzt alles komplizierter werden wird. Auf deutsch geht es auch nicht. Seit gut fünf Minuten bin ich im Büro dieses türkischen Funktionärs. Ein paar Jungen auf der Straße haben mir mit Zeichen zu verstehen gegeben, daß ich mich an ihn wenden soll, ehe ich zum eigentlichen Posten gehe. Atatürk thront wie auf allen offiziellen Fotografien auch hier im Smoking über dem Schreibtisch. Ich würde einfach gerne wissen, warum ich ihm eine Gebühr von drei Dollar zahlen muß. Er macht mir Zeichen, die ich nicht verstehe. Schließlich bin ich es müde und halte ihm die Scheine hin. Man muß wissen, wann man verloren hat.

Wie ärgerlich, die Sprache nicht zu sprechen und sich nur mit Zeichen verständigen zu können! Aber das Allerkomplizierteste steht uns noch bevor: der eigentliche Grenzposten. Hier gibt es türkische Vermittler, die arabisch sprechen und sich gegen Geld bereiterklären, die Formalitäten zu erledigen: Versicherung, Gesundheitskontrolle (die eher symbolischen Charakter hat, denn sie besteht aus einem Stempel und einer Gebühr), Gratisvisa für europäische Staatsangehörige. Das ist weniger beeindruckend als in *Midnight Express,* aber alles geht sehr schnell. Hinter jedem Funktionär thront Atatürk. In einem Büro hängt außerdem eine merkwürdige Karte von der Türkei oder, besser gesagt, von der türkischsprachigen Welt, deren unterschiedliche Grünschattierungen vom Elsaß über Hamburg und Samarkand bis ins chinesische Turkestan reichen. Das Ganze geht in einem unbeschreiblichen Durcheinander vonstatten. Marie stillt im Schatten inmitten einer Gruppe abgewiesener junger Syrer, ich eile mit Paul auf dem Arm zwischen Dutzenden sich gegenseitig blockierender LKWs hindurch von Posten zu Posten. Mein Name verändert sich mit jedem gestempelten Formular, und unser Auto erleidet dasselbe Schicksal, wird zu einem Chevrolet und manchmal auch zu einem General Motors. Nach anderthalb Stunden haben wir es endlich hinter uns und können völlig erschöpft nach Antiochien weiterfahren.

Die Landschaft verändert sich abrupt. Die Straßen sind von Bäumen gesäumt, Ziegelbauten und Traktoren tauchen auf, viele Traktoren, die zudem moderner sind als ihre syrischen Kollegen. Und dann sind da die türkischen Moscheen, die alle gleich aussehen und so anders sind als die der arabischen Welt. Ihre spitz zulaufenden Minarette werden in den nächsten zwei Wochen unsere ständigen Begleiter sein. Antiochien, Antakya, ist unser nächstes Reiseziel. Ich kann es kaum erwarten zu sehen, was aus der heiligen Stadt des frühen Christentums geworden ist. Im Orient tragen fünf katholische und orthodoxe Patriarchen den Titel „Patriarch von Antiochien" – „und des gesamten Orients", wie man in der Regel hinzufügt. Lächerliches Relikt einer vergangenen Zeit. Ein bißchen wie jene Bischöfe *in partibus,* die man früher ernannte und die niemals in ihren Diözesen residierten – aus dem einfachen Grund, weil es dort keine Christen mehr gab. In Mar Musa hatte man uns übrigens schon gewarnt: In Antiochien gibt es nicht viel zu sehen ... Und doch nimmt die Stadt in der Geschichte des Urchristentums einen besonderen Platz ein. Antiochien am Orontes war zu ihrer Blütezeit eine Metropole des römischen Ostens. In dieser Stadt wurden die Gläubigen, die sich auf Christus beriefen, zum ersten Mal Christen genannt, und in ihren Mauern entstand vermutlich das Matthäusevangelium. Sie diente als Brückenkopf bei der Evangelisierung der Heiden, denn von hier aus brach der heilige Paulus zu seinen drei ersten apostolischen Reisen auf. Der heilige Petrus hat hier einige Jahre lang gelebt. Der Vater der byzantinischen Liturgie, der heilige Johannes Chrysostomos, wörtlich „Goldmund", kam von hier. Soviel zum Stammbaum von Antiochien.

Heute ist es ein großes Dorf am Fuß eines Gebirges. Der Hafen von Antiochien, von wo aus der heilige Paulus in See stach, ist inzwischen in Vergessenheit geraten, versandet: Die Küste ist mittlerweile mehrere Dutzend Kilometer entfernt. Unsere Unterkunft heute abend hängt ein wenig vom Zufall ab: Ein syrischer Mönch hat uns einen Namen auf ein Stück Papier gekritzelt – Schwester Barbara, eine deutsche Nonne, die wir nie zu Gesicht bekommen werden – und uns eine recht vage Wegbeschreibung mitgegeben: „Nicht weit von der katholischen Kirche". Aber was soll's, man kann nicht alles planen: Wenn man reist, bleibt immer ein Rest dem Zufall überlassen. So haben wir es bisher auch gehalten. Also machen wir uns auf den Weg und suchen die katholische Kirche.

Wenn man eine Kirche sucht, muß man nur in die Luft gucken und sich an den Glockentürmen orientieren. Das hat sogar in Syrien funktioniert. In der nachkemalistischen Türkei ist das komplizierter. Die Türken, die nach diesem erstickend heißen Tag am Ufer des Orontes frische Luft schnappen, wissen auch nicht mehr als ich. Wir laufen hin und her in dieser am Hang liegenden Stadt, überqueren dreimal den Orontes – nichts, nichts und wieder nichts. Erneut treibt es mich zur Verzweiflung, daß ich mich mit niemandem verständigen kann. Vor einer Buchhandlung nutze ich meine Chance: Ein Buchhändler muß über eine gewisse Bildung verfügen, und wenn er überdies frommer Muslim ist, sollte er auch das klassische Arabisch verstehen. Sein türkischer Akzent ist grauenhaft, der meine ebenso brillant, und doch gelingt es uns – Mohammed und seinen Anhängern, die die arabische Sprache hergebracht haben, sei Dank! –, uns trotz unserer denkbar unterschiedlichen Herkunft zu verständigen. Unglücklicherweise sind alle diese Anstrengungen vergeblich, denn mein Buchhändler weiß auch nicht mehr, als daß besagte Kirche sich in der Altstadt auf der anderen Seite des Orontes befindet.

In verständlicher Verzweiflung landen wir schließlich auf einem Polizeikommissariat, wie es in Syrien jeder getan hätte, um eine sichere Antwort zu erhalten. Die türkischen Polizeidienststellen sind mit den syrischen nicht zu vergleichen: Die Einsatzwagen sind funkelnagelneu, und das Gebäude kann sich sehen lassen. Der Polizeibeamte ist höflich, auch wenn er mich mit den Füßen auf dem Schreibtisch empfängt.

„Katolik kilisesi? No problem."

Er steht auf und holt einen Mann herbei, den ich schon beim Hereinkommen bemerkt hatte.

Mein Mann spricht sehr schlecht Englisch, ein klein wenig besser Arabisch. Er ist jung, in Zivil und setzt sich umstandslos ins Auto zwischen die beiden Kinder. Freundlich bietet er an, uns dorthin zu begleiten. Was danach geschieht, ist surreal – ein Vorgeschmack auf dieses merkwürdige Land, wo alles, was mit dem Christentum zu tun hat, so unendlich heikel ist ...

Wir überqueren erneut den Orontes und fahren in den alten Teil von Antakya. Unterwegs versucht unser Passagier mir in einem entsetzlichen Kauderwelsch zu erklären, daß er Christ sei. Seine Hartnäckigkeit ist mir suspekt.

„Very good", antworte ich jedesmal zerstreut.

Georges hatte mich in Damaskus gewarnt: Sag in der Türkei niemandem, daß du Christ bist, das bringt nur Ärger!

Aber Georges ist ein bißchen paranoid, hatte ich damals gedacht.

Die Straßen werden enger und enger, und noch immer ist keine Kirche zu sehen. Unser Stadtführer nimmt sein Handy und sagt uns, er habe jemanden von der katholischen Gemeinde angerufen. Fünf Minuten später stößt Mehmet zu uns. Mehmet ist Christ – erstaunlich bei jemandem, der, wenn auch durch die Transkription ins Türkische entstellt, den Namen des islamischen Propheten trägt. Jedenfalls sagt er, er sei Christ, und zeigt uns das Kreuz, das er um den Hals trägt. Mehmet spricht Englisch, Arabisch und Deutsch. Schwester Barbara sei nicht da, aber, so versichert er uns, er könne uns in der Nähe der Kirche eine Unterkunft für die Nacht zur Verfügung stellen. Vor der Tür eines alten Hauses wühlt Mehmet in seiner Tasche und sucht den Schlüssel, während ich feststelle, daß unser erster Helfer uns nicht von der Seite weicht.

„Hier können Sie problemlos übernachten. Lassen Sie soviel Geld da, wie sie wollen, und ziehen Sie morgen die Tür hinter sich zu, denn ich bin nicht da", sagt Mehmet.

Das Haus ist ein bißchen heruntergekommen, aber großartig: Zwei Flügel sind durch eine zentrale Treppe miteinander verbunden, die vom Hof aus über mehrere Absätze nach oben führt. Ein Jasmin breitet sich über die Balustrade aus, die an den Etagen entlangläuft. Wir stellen unser Gepäck ab. Die Kleinen müssen nach diesem anstrengenden Tag, den wir damit verbracht haben, die Grenze zu überqueren, gebadet und gefüttert werden. Und unser

Stadtführer ist immer noch da. Während wir mit den Kindern beschäftigt sind, erzählt er mir von dem elenden Leben, das die Christen hier führen, von ihrer Situation als Minderheit. Die Zahlen, die er nennt, sind falsch, und die Begriffe, die er verwendet, verräterisch ungenau. Es ist ein bißchen so, als wollte ich jemandem weismachen, ein Krischnajünger zu sein ... Er äußert sich sogar abfällig über den Islam, der sich seiner Ansicht nach die schlimmsten Dinge hat zuschulden kommen lassen. Doch das alles klingt falsch und ruft von meiner Seite nur unverbindliche Reaktionen hervor. Jemandem, den ich in einem türkischen Polizeirevier getroffen habe, werde ich bestimmt nicht auf die Nase binden, weshalb ich nach Antiochien gekommen bin. Als er nach zwei Stunden schließlich feststellt, daß seine Versuche zwecklos sind, wechselt unser liebenswürdiger Helfer seine Strategie. Er nimmt sich einen Besen, dann ein Scheuertuch. Erklärt mir, daß niemand so gut mit dem Durchlauferhitzer umgehen kann wie er. Kurz, seine Hilfsbereitschaft ist nicht mehr normal und offengestanden lästig. Ich wittere den Braten und beschließe, den Stier bei den Hörnern zu packen.

„Also, was willst du wirklich von uns?"

„Weißt du, ich bin Waise, wenn du nur hundert Dollar hättest, ich würde sie dir in Ankara wiedergeben, ich werde in einer Woche dort sein, bei meinem Bruder."

„Du bist bei der Polizei: Zahlen sie dir dort nichts?"

„Ich bin noch in Ausbildung."

„Sieh mich doch an mit meinen Kindern: Wenn du glaubst, daß ich reich bin, hast du dich getäuscht!"

„Fünfzig?"

„Nein!"

„Zwanzig?"

Meine Reaktion ist eindeutig: die Tür. Wütend habe ich unseren jungen Türken an den Schultern gepackt, er fliegt beinahe, und die schwere Tür fällt hinter ihm ins Schloß.

Die darauffolgende Nacht ist nicht eben angenehm: Wir haben das Auto draußen geparkt, die Mauer ist nicht sehr hoch, und vielleicht hat mein Polizei-Azubi die Beleidigung noch nicht verkraftet ...

Als es dunkel ist, mache ich mich auf den Weg, um die katholische Kirche zu suchen. Mehmet hat mir den Weg beschrieben. Mit Mühe entdecke ich zwischen einem Gewirr aus elektrischen Kabeln ein gelbrotes Schild: *„Katolik kilisesi"*. Die katholische Kirche von Antiochien ist zwar nur für Eingeweihte, aber deswegen nicht weniger real. Am Ende einer dunklen Gasse steht eine Tür einen Spaltbreit offen; durch sie gelangt man auf einen mit Bäumen bestandenen Hof.

Es sind etwa fünfzig Personen, junge und alte, die im Anschluß an die Samstagabendmesse einen Imbiß zu sich nehmen. Auf arabisch wende ich mich an Georgette, die erste, die auf mich zukommt. Georgette klingt nicht sehr türkisch: Ich fühle mich eher an die etwas altmodischen Namen erinnert, die bei den französischsprachigen Christen im Libanon noch in Gebrauch sind wie Edmond, Jocelyne, Albert oder Roger. Georgette spricht auch Französisch: Sie ist Maronitin, ihre Familie ist schon immer in Antiochien ansässig, kann jedoch infolge diplomatischer Verwicklungen aus der Zeit des französischen Mandats nicht von dort weg. Sie gehört zu jenen arabischen Christen, die im Süden der Türkei leben und den wesentlichen Bestandteil der christlichen Bevölkerung ausmachen. Sie haben einen türkischen Paß und sprechen Türkisch, aber ihr Herz ist christlich und arabisch geblieben.

„Kommen Sie, ich stelle Sie meiner Mutter vor, sie wird sich freuen, Arabisch zu hören!"

Georgettes Mutter ist eine alte, gebeugte Frau. Es bereitet ihr ganz offensichtlich großes Vergnügen, mich sprechen zu hören und zu erfahren, daß wir aus Beirut kommen.

„Ah, die Jungfrau von Harissa! Ich bete jeden Tag zu ihr. Aber ich bin nie dort gewesen", vertraut mir die alte Dame an.

Antiochien wirkt auf mich wie ein Gefängnis für diese Menschen. In fast verschwörerischem Ton sprechen sie von diesem syrisch-libanesischen Orient wie von einem verlorenen, unerreichbaren Paradies.

Etwa tausend Christen leben noch in Antiochien. Siebzig von ihnen sind Katholiken, hauptsächlich Maroniten. Diese genaue Zahl habe ich von Pater Domenico, dem alten italienischen Franziskaner mit dem abwesenden Blick. Er kümmert sich um diese kleine Herde, die sich heute abend im Hof der kleinen Kirche versammelt hat. Genaugenommen liegt die Kirche im Untergeschoß – da hätte ich lange nach einem Glockenturm suchen können … Pater Domenico spricht Italienisch, Französisch, Türkisch, Arabisch und Englisch, hatte Georgette mir gesagt. Heute abend ist er jedoch nicht sehr gesprächig. Offenbar machen meine Fragen ihn mißtrauisch. Als ich ihn frage, um wieviel Uhr die Sonntagsmesse ist, schickt er mich lieber in die orthodoxe Kirche. Treffpunkt also morgen, Sonntag, in der orthodoxen Kirche. Damit geht unser erster Tag in der Türkei zu Ende. Als ich noch einige Zeilen schreibe, um meine Erinnerungen festzuhalten, laufen Ratten über den nächtlichen Hof, die mich auch in meinen Träumen heimsuchen werden. Mücken schwirren um die Lampe. Marie und die Kleinen schlafen im selben Zimmer, ich höre ihren tiefen Atem in dieser erstickend schwülen Nacht. Die arme Maguelone mit ihren viereinhalb Monaten, wie vertrauensvoll sie neben ihrer Mama schläft! Ich unterdrücke den Impuls, sie in den Arm zu nehmen, und bete, daß unser türkisches Abenteuer, das mindestens zwei Wochen dauern wird, nicht in einer Katastrophe endet. Zum ersten Mal seit unserer Abreise von Beirut verspüre ich eine unbestimmte Unruhe. Dabei sind wir erst im Süden der Türkei, und Istanbul liegt noch Hunderte von Kilometern entfernt. Ich beginne zu ahnen, wie fremd diese Welt ist, in der wir uns nun befinden. Wir müssen uns dieses Land erarbeiten, es uns zu eigen machen, *Inschallah*.

Ohne unseren Polizeilehrling wiedergesehen zu haben, gehen wir am nächsten Morgen durch die engen Gassen der Altstadt Richtung orthodoxe Kirche. Sie ist dem heiligen Petrus geweiht. Diese Kirche verfügt in der Tat über einen wunderschönen Glockenturm von allerdings recht bescheidener Größe. Später werde ich erfahren, daß er im 19. Jahrhundert mit Spenden der russisch-orthodoxen Kirche erbaut worden ist – im Zuge der Bestrebungen seitens der Großmächte, in diesem Osmanischen Reich, das man bereits „den kranken Mann Europas" nannte, Einfluß zu gewinnen. Frankreich, Großbritannien, Österreich-Ungarn und Rußland traten als Beschützer dieser oder jener christlichen Minderheit auf, um sich in die inneren Angelegenheiten der Osmanen einzumischen. Am Eingang zu dem schönen, mit Oleandern bewachsenen Innenhof begegnet der Türhüter uns zunächst mit Mißtrauen, schließt uns jedoch in seine Arme und bietet uns einen Kaffee an, sobald er uns Arabisch sprechen hört. Er ist wie viele Christen, die an diesem Vormittag die Messe besuchen, nicht mehr jung. Kurioserweise liegen die Texte des heutigen Evangeliums am Eingang der Kirche in türkischer Sprache aus. Sie werden auf arabisch verlesen, aber diese Übersetzung ist in der Türkei beinahe obligatorisch. Das Evangelium auf türkisch – wie eigenartig! Der Brief des heiligen Paulus an die Korinther heißt zum Beispiel *„aziz pavlus'un korintolulara ikinci mektubu"*. Die Türkei ist vor allem anderen ein nationalistisches Land: Alles, was nicht türkisch ist, erregt Verdacht. Das gilt ganz besonders für den Bereich der Religion. Atatürk hatte die Moscheen sogar verpflichtet, den Ruf des Muezzin und die Verlesung der muslimischen Gebete nur in türkischer Sprache zu erlauben und Koranübersetzungen zu verwenden, eine Maßnahme, die für den Islam völlig undenkbar war und schließlich von 1930 an wieder abgeschafft wurde.

Der Altersdurchschnitt in der Kirche ist verhältnismäßig hoch: Die wenigen jüngeren Gläubigen, dem Aussehen nach einfache Leute vom Land, werden ausgewählt, um während der Gabenbereitung die Ikonen und das Prozessionskreuz zur Ikonostase zu tragen. Es ist gut, hier zu sein, auch für uns: Die großartigen Gesänge der byzantinischen Liturgie in arabischer Sprache werden von einer Handvoll älterer Männer mit noch immer kräftigen Stimmen intoniert, die im Chorgestühl gleich bei der Ikonostase Aufstellung genommen haben. Sie alle haben einen Rosenkranz in der Hand, dessen Holzperlen sie unablässig durch ihre Finger gleiten lassen. Die Strapazen unserer Einreise in die Türkei liegen hinter uns, sind vergessen, und wir tauchen in dieser orthodoxen Kirche ein letztes Mal ein in den arabischen Orient.

Nach der Kommunion haben wir das Glück, den wunderschönen Brauch des brüderlichen Brotbrechens zu beobachten. Er geht mit Sicherheit auf eine frühchristliche, vom Letzten Abendmahl inspirierte Tradition zurück, die bei den antiken Autoren häufig beschrieben wird. Manche Gemeindemitglieder haben große, aromatisierte Brote mitgebracht, die während der Messe zunächst im Chorraum aufbewahrt und dann vom Priester auf einem Teller über den konsekrierten Gestalten durchgereicht worden waren. Dann gehen Gläubige durch die Reihen, um an alle, die wollen, Brotstücke zu verteilen, auch wenn sie bereits bedient worden sind. Es versteht sich von selbst, daß unsere Bank von alten Frauen belagert wird, die unsere Kinder mit diesem briocheähnlichen Brot füttern wollen, und es ist schwierig, nein zu sagen, selbst als eine von ihnen uns dazu überreden will, Maguelone davon probieren zu lassen, die bisher doch nur Muttermilch gekostet hat.

Georgette ist mit ihren Kindern da, und sogar Pater Domenico hat sich während des Gottesdiensts diskret in den Hintergrund der Kirche gestohlen. Als die Messe zu Ende ist, gehen alle in kleinen Gruppen durch die Altstadtgassen nach Hause. Die meisten von ihnen sind bereits nach Europa oder Brasilien emigriert. Diese Herde der letzten Christen von Antiochien ist vom Aussterben bedroht.

An den Hängen des Taurus

„Das Taurusgebirge, gewaltig und Gebieter über unzählige Völker, würde Asien in der Mitte entzweireißen, wenn nicht die Meere diesem Bedränger der Länder entgegenträten."

Plinius der Ältere, *Naturalis historia* 5,97

Die Weiterfahrt gestaltet sich zunächst schwierig, denn bei unserer Ankunft am Vorabend hatten wir uns durch die Gassen geschlängelt und vor allem darauf geachtet, mit unserem sechs Meter langen Auto nicht an den Ekken der alten, bizarren Häuser mit ihren Holzbalkonen hängenzubleiben. Jetzt müssen wir fünfhundert Meter rückwärts fahren. Kappadozien erwartet uns … im Rückwärtsgang.

Wir haben mehrere Routen zur Auswahl. Der schnellste Weg nach Istanbul führt zunächst Richtung Ankara nach Anatolien und zweigt dann in nordwestlicher Richtung ab.

Sagen wir es gleich: Die Christen in der Türkei aufzuspüren ist sehr kompliziert. Die Spuren des Christentums sind in diesem großen Land zahlreicher als die Christen im eigentlichen Sinne. 1900 war ein Viertel der Bewohner des Osmanischen Reichs christlich. Zu Beginn des 21. Jahrhunderts leben in der Türkei nur noch rund 90.000 Christen, 16.000 von ihnen sind Katholiken. Insgesamt hat die Türkei siebzig Millionen Einwohner.

Die Griechisch-Orthodoxen stellen nur eine kleine Gemeinde von 2.000 Gläubigen. Ihr Oberhaupt ist der ökumenische Patriarch Bartholomaios I. von Konstantinopel. Der griechisch-türkische Krieg des Jahres 1923 hat zu einem Bevölkerungsaustausch geführt: In der einzigen bilateralen ethnischen Säuberung des 20. Jahrhunderts wurde eine Million griechischsprachiger Christen aus Kleinasien vertrieben, während 400.000 türkischsprachige Einwohner Griechenland verlassen mußten.

Der Völkermord der Türkei an den Armeniern – um 1895 und dann ein zweites Mal 1915 –, aber auch an den Nestorianern, den Syrern und den Chaldäern hat dafür gesorgt, daß es im Südosten der Türkei praktisch keine Christen mehr gibt. Heute sind diese Gemeinschaften entweder dezimiert oder im Exil.

Die Türkei ist seltsam ambivalent. Bei der Durchquerung dieses Landes müssen wir immer wieder weite Strecken fahren, und so habe ich genügend Zeit, darüber nachzudenken. Die Türken wirken auf mich wie eine „ruhige Kraft". Es gibt keine offene Feindseligkeit, aber ein unverkennbares Zugehörigkeitsgefühl, eine sehr starke, in erster Linie nationalistisch geprägte Kultur. In gewisser Weise ist der türkische Bürger türkischsprachig und muslimisch. Damit ist alles gesagt. Die nichtmuslimischen Religionen betrachtet man vor allem unter kulturellem Blickwinkel: Sie werden toleriert, aber als fremd empfunden. Das ist das Ergebnis des „kemalistischen Laizismus", der sich stark am Vorbild des französischen Jakobinismus orientiert. Und vielleicht hat dieser Laizismus, der sich auf eine sehr starke türkische Identität gründet, dem Christentum in der Türkei in der Vergangenheit mehr geschadet als der Islam. Ein bißchen wie der Kulturkampf im Deutschland des 19. Jahrhunderts, der sich mit großer Erbitterung gegen den als undeutsch empfundenen Katholizismus wandte. Das ist übrigens nicht die einzige Gemeinsamkeit zwischen den beiden Ländern.

Gewiß ist die Türkei eines der wenigen Länder, die den sehr französischen Begriff des „Laizismus" in ihr Vokabular aufgenommen haben. Doch die Wirklichkeit sieht anders aus. Anders als man es sich vielleicht vorstellt, gibt es keine Trennung von Religion und Staat, sondern eine enge Verbindung zwischen beiden, da der Staat die religiöse Frage – namentlich mit Hilfe der türkischen Armee, der großen Wächterin all dessen, was den politischen Islam betrifft – genauestens überwacht. Die Imame der offiziellen Moscheen werden vom Staat bezahlt und folgen in dem, was sie sagen, den Empfehlungen des *Diyanet İşleri Başkanlığı,* des Präsidiums für religiöse Angelegenheiten, das dem Premierminister untersteht. Seit zwanzig Jahren ist der muslimische Religionsunterricht an den Schulen obligatorisch; davon befreit werden können nur diejenigen Schüler, die den anerkannten religiösen Minderheiten angehören. Zudem hat der Staatsapparat den Islam wieder zum wesentlichen Bestandteil der türkischen Identität erklärt, was sich durchaus mit dem Empfinden der Bevölkerung deckt, denn diese legt großen Wert auf die Religion.

Die Kurdenfrage muß in derselben Weise analysiert werden. Das Problem an den Autonomieforderungen der Kurden ist nicht ihre Religion (sie sind wie die meisten Türken mehrheitlich Sunniten), sondern ihre kulturelle Identität: Die Kurden haben eine eigene Sprache und Kultur, und das kann Ankara nicht dulden. Zur Veranschaulichung möchte ich hier einige Artikel der türkischen Verfassung zitieren, die unter anderem die Kurden betreffen: „Keine gesetzlich verbotene Sprache darf benutzt werden, um Meinungen auszudrücken und zu verbreiten" (Art. 26). „Niemand darf in einer gesetzlich verbotenen Sprache publizieren" (Art. 28). „An Einrichtungen der Erziehung und Lehre darf keine andere Muttersprache als das Türkische gesprochen oder türkischen Bürgern vermittelt werden" (Art. 42). Ich erinnere mich, daß ich bei einem fahrenden Händler in Damaskus eine Kassette mit Liedern eines kurdisch-syrischen Sängers erstanden hatte. Man hatte uns nachdrücklich empfohlen, sie vor dem Passieren der türkischen Grenze wegzuwerfen: Falls man uns etwas gründlicher durchsucht hätte, wäre dies der beste Vorwand, uns die Einreise in türkisches Territorium zu verweigern. Alles, was die Kurden angeht, ist so tabu, daß selbst das Wort niemals in den Medien ausgesprochen wird. Was die paranoiden Ratschläge unserer syrischen Freunde betrifft, so hatten wir uns überlegt, daß die kleine Tasche mit Pauls Spielsachen das sicherste Versteck war, und wir hatten uns nicht getäuscht. Zwei Wochen später, hinter der griechischen Grenze, waren in unserem Auto wieder die melancholischen kurdischen Klänge meines syrischen Künstlers zu hören.

Wir hätten auch eine andere Route nehmen können, die uns jedoch zu einem erheblichen Umweg gezwungen hätte. Zudem wird aus Sicherheitsgründen dringend davon abgeraten, diese Region zu bereisen. Es handelt sich um den Südosten Anatoliens. Hier leben in einigen wenigen Dörfern noch syrische Christen – die letzten Vertreter des Urchristentums. Ich spreche vom Tur Abdin, dem „Gebirge der Diener Gottes", das im Norden an den Tigris und im Süden an Syrien grenzt und sich von Cizre im Osten bis nach Mardin im Westen erstreckt. Dank dem Bischof von Nisibe, dem heiligen Jakobus, einem der Väter des Konzils von Nizäa, und seinem Schüler, dem heiligen Ephräm, ist diese Gegend bereits Mitte des 4. Jahrhunderts evangelisiert worden.

Auch in der jüngeren Vergangenheit, das heißt in der Zeit der Republik, sind die Christen hier Opfer von Verfolgungen gewesen. Die meisten von ihnen waren gezwungen zu fliehen, was ihre beinahe zweitausendjährige Präsenz bereits erheblich verringerte. Und seit den Achtzigerjahren sind sie die Opfer eines schrecklichen Konflikts, mit dem sie selbst gar nichts zu tun haben: Sie sind gefangen zwischen zwei Arten der Logik, die einer ganz anderen Ebene angehören. Denn die Region, in der sie leben, liegt mitten in Kurdistan, einem Gebiet, das sich über drei

Länder erstreckt: die Türkei, Syrien und den Irak. Für die Türkei, die den größten Teil dieses nicht anerkannten Territoriums besitzt, ist die Frage von entscheidender Bedeutung. Die Identität der gut zwanzig Millionen Kurden, die in der Türkei leben – fast ein Drittel der Bevölkerung – ist in der Vergangenheit systematisch negiert worden. Und die PKK, die ehemalige kurdische Arbeiterpartei marxistisch-leninistischer Ausrichtung, hat das Problem auf gewalttätige und medienwirksame Weise ausschlachten können. So sind die armen Syrer zwischen die Fronten geraten: auf der einen Seite die nach Kriegsrecht durchgeführten Razzien der von der örtlichen Hisbollah unterstützten türkischen Armee und auf der anderen Seite die PKK-Milizen, die die befreiten Gebiete wieder in Besitz nehmen und die Einwohner schikanieren. Jeden, der dorthin reisen will, verpflichtet die türkische Armee, besondere Genehmigungen zu beantragen, und wenn man dort ist, ist man auf Gedeih und Verderb den plündernden Milizen ausgeliefert, die die kleineren Verbindungswege kontrollieren. Als ich auf einem Straßenschild den Hinweis nach Mardin lese, das wir nie besuchen werden, muß ich an Bischof Saliba, meinen einmaligen Erzbischof mit seinem schlohweißen Bart, an den Patriarchen Ignatius Zakka Iwas denken, dem ich eines frühen Morgens in Damaskus begegnet bin, als er mit dem linken Fuß zuerst aufgestanden war, und an all die Jakobiten, die fern von ihrer angestammten Heimat im kanadischen oder belgischen Exil leben.

Inzwischen bietet sich unseren Augen auf diesen Hunderten von Kilometern, die uns von Istanbul trennen, die Majestät der türkischen Landschaft dar. Wenn man aus dem Vorderen Orient kommt, wird man von der Türkei sofort überrascht. Sie ist das Reich der unermeßlichen Weite und, verglichen mit der Eintönigkeit der zuvor durchquerten Regionen, vor allem der Vielfalt. Auf ihrer gigantischen Fläche von über 800.000 Quadratkilometern präsentiert die Türkei nach und nach ihre grandiosen, gegensätzlichen und nur sehr dünn besiedelten Landschaften. Ihre Straßen sind in einem viel besseren Zustand als die in Syrien oder im Libanon und geben uns schon einen Vorgeschmack auf den Westen. Als wir die Hänge des Taurusgebirges hinauffahren, an 2000 Meter hohen Gipfeln vorbeikommen und uns in den kleinen Tavernen, die die Straßen säumen, mit Grillfleisch und frischem Bier stärken, haben wir den Eindruck, in einem gigantischen Naturpark unterwegs zu sein. Gipfel für Gipfel, Schlucht für Schlucht wechselt die Vegetation: Tannen, Oliven und Eichenwälder, in denen hübsche Chalets versteckt liegen. Schneebedeckte Bergmassive erheben sich in der Ferne, flankiert von Niederungen, die fast steppenartig sind. Das Gelände ist in waagerechter und zuweilen auch senkrechter Richtung wie schraffiert von zahlreichen Gebirgsausläufern, die stets parallel zur Küste liegen und den Blick auf immer neue Landschaften freigeben. Und dann sind da diese merkwürdigen Ortsnamen, eine echte Schinderei für Marie, die sie geduldig ein ums andere Mal wiederholt, ohne daß es ihr gelänge, sie in meinem Gedächtnis zu verankern: Nevçehir, Güzelyurt, Gülçehir, Niğde, Ürgüp. Von Zeit zu Zeit erinnern uns Tarsus, die Geburtsstadt des Saulus, oder Ankara, der „Anker", wie die Galater die Stadt genannt hatten, an vergangene Zeiten, doch die Türkisierung der Begriffe ist allumfassend. 1928 brachte Mustafa Kemal mit der Revolution von Schrift und Sprache eine Reform auf den Weg, die das Türkische von ausländischen Einflüssen säubern sollte, denn diese hatten daraus ein komplexes und für das Volk nicht mehr nachvollziehbares Idiom gemacht. Es ist eine Tatsache, daß das arabische Alphabet, das keine Vokale kennt, sich schlecht für die Wiedergabe des Türkischen mit seinen acht Vokalen eignet. Ohne unseren französischen Reiseführer hätten wir wohl kaum erraten, daß sich hinter den Namen Urfa, Konya und Kayseri das antike Edessa, Iconium und Caesarea in Kappadozien verbergen.

Auf diesen ersten paar hundert Kilometern durch die Türkei haben wir das umgekehrte Gefühl wie jemand, der denselben Weg in der entgegengesetzten Richtung zurücklegt. Wenn man Berichte über Reisen ins Heilige Land liest, erfolgt der erste „Orientschock“ oder das, was man sich darunter vorstellt, in der Regel bereits mit der Ankunft in der Türkei. Für uns, die wir den umgekehrten Weg nehmen, ist es eher ein Qualitätsschock. Die Türkei erscheint uns erstaunlich modern: wie eine Art Vorgeschmack auf den Westen, genaugenommen eine hybride Mischung aus Archaismus und Avantgardismus. Wieder und wieder muß ich an den Vater der Türken, Atatürk, denken – allerdings: selbst wenn ich ihn hätte vergessen wollen, hätten mich seine allgegenwärtigen Statuen, Denkmäler und Plakate selbst in den entlegensten Dörfern ohnehin unablässig an ihn erinnert. Jedenfalls bewunderte ich die geniale Willenskraft dieses Offiziers, der in einem Land, das auseinanderzufallen drohte und gerade erst einer zwar aufgeklärten, aber despotischen Herrschaft entronnen war, auf brutale Weise und mit Gewalt die Moderne eingeführt hatte. Ich ertappte mich sogar dabei, daß ich Bilder von Atatürk, *boz kurt,* dem grauen Wolf Anatoliens, sammelte, die es in jedem Souvenirshop – auch an der Hagia Sophia – zu kaufen gab. Sein klarer und eindringlicher Blick, der in den unvermeidlichen Smoking eingeschnürte Oberkörper, die pomadisierte Haarlocke verliehen ihm das Aussehen eines Kinoschauspielers. Ein Despot, wie er leibt und lebt.

Erinnerungen an Kappadozien

„Ich kenne nichts Tristeres, nichts Elenderes als dieses Königreich und nichts Ärmeres als seinen König."

Strabo, XII

Sobald das Taurusgebirge hinter uns liegt, verändert sich die Landschaft. Wir nähern uns Kappadozien, einem kleinen Stück der großen Steppe, die bis an die Grenzen von China reicht. Auf einer riesigen, etwa tausend Meter hoch gelegenen Ebene erstrecken sich die semiariden Steppen Zentralanatoliens, soweit das Auge reicht. Viele Pilger haben diese Grenzenlosigkeit Anatoliens und die Unermeßlichkeit seiner Landschaften beschrieben, die jedem Fußreisenden den Eindruck vermitteln, daß er wandert und wandert und doch nicht von der Stelle kommt. Obwohl ich mit dem Auto unterwegs bin, kann ich dieses Gefühl nun sehr gut nachvollziehen. Während wir Richtung Güzelyurt fahren, wo wir übernachten wollen, zieht sich das Ende des Tages in die Länge, die Sonne will und will nicht untergehen und beleuchtet hier und da einige unbewegliche Gipfel, die man nie erreicht. Diese osttürkischen Weiten sind auf der einzigen Karte, die ich in Beirut bekommen habe, nicht eingezeichnet, und so kommen wir auf unserem Abstecher nach Kappadozien nur tastend voran – für uns die Gelegenheit, mit der türkischen Bevölkerung auf Tuchfühlung zu gehen und ein weiteres Mal an den mangelnden Verständigungsmöglichkeiten zu verzweifeln.

Hier sagt man nicht *„Welcome"*, denn dieses Wort kennt der Durchschnittsanatolier nicht. Ein breites Lächeln ersetzt die Universalvokabel.

Ein schnauzbärtiger Alter mit einer Mütze, die ihm das Aussehen eines russischen *Muschik* verleiht, hat seine

Partie Tricktrack im Stich gelassen, um unseren Wagen mit seinem Benzin zu betanken. Es ist achtzehn Uhr, und in den Strahlen der schrägstehenden Sonne erkennt man sehr deutlich, wie dick die Staubschicht auf unserem Auto seit Aleppo geworden ist. Selbst als ich versuche, die Städtenamen türkisch auszusprechen, stoße ich bei meinen Gesprächspartnern auf Unverständnis. Ich werde mich also verständlich machen müssen, indem ich auf den Kofferraumdeckel zeichne. Mein kleiner Alter hat inzwischen Verstärkung von seinen Mitspielern bekommen. Zuerst das Benzin.

„98“, male ich in den Staub.

„*Yok!*“

„Wie, gibt es nicht?“

„92“, malt der Türke.

„*Evet?* Ja?“

„*Evet, problem yok.*“

Gut, das habe ich also verstanden. Kein Problem.

Hoffen wir nur, daß er mir kein Traktordiesel einfüllt …

Und jetzt der Weg nach Güzelyurt. Ich bedecke den Kofferraumdeckel mit großen geraden Linien, um das rechtwinklige Straßennetz darzustellen, das die Gegend hier durchzieht. Jetzt wollen sie mir alle gleichzeitig den Weg skizzieren und bringen dabei die ursprüngliche Zeichnung durcheinander. Also gehen wir nach vorne und fangen auf der Motorhaube wieder von vorne an. Schließlich glaube ich verstanden zu haben, daß wir geradeaus fahren und an einem bestimmten Punkt links abbiegen müssen.

Und so machen wir uns wieder auf den Weg zu jenem fernen Dorf, das uns inzwischen wie das Gelobte Land erscheint. Einige Bauern arbeiten noch zu dieser späten Stunde auf den Feldern, ihre mageren Kühe weiden das Gras ab, das von der Sonne gelb geworden ist. Die Berge sind noch immer kein Stück nähergekommen, der Wagen gleitet geräuschlos über den Asphalt, während die Luft kühler wird. Von Güzelyurt ist nach wie vor nichts zu sehen. In einem Dorf, das um diese Zeit fast menschenleer ist, erhebt sich pathetisch an einer Kreuzung eine griechische Kirche vom Anfang des 20. Jahrhunderts. Auf ihren grauen Steinen sind Reliefkreuze zu erkennen. Ein Bretterzaun schützt den Eingang; dahinter erkennt man auf den Betonplatten, die die Öffnungen verschließen, alle Arten von Graffitis. Heute sind es nur mehr Abfälle, die sich an den Kirchentüren drängen.

Dieser Teil Kappadoziens wurde erst spät von griechischsprachigen Christen besiedelt, die dann im Zuge des massiven „Bevölkerungsaustauschs" in den Zwanzigerjahren des 20. Jahrhunderts wieder von dort vertrieben wurden ... Diese Kirche, die einsam mitten in der weiten Steppe steht, beißt sich fast mit dem Erscheinungsbild der normalen türkischen Dörfer, die ihre spitzzulaufenden Minarette in die Höhe recken. Diese dramatische Vertreibung hat die Physiognomie Kappadoziens völlig verändert. Die Dörfer, Kirchen und Klöster, materielle Spuren einer tausendjährigen Besiedlung, wurden aufgegeben und Völkerschaften aus dem Kaukasus oder aus Thrazien überlassen, die keinerlei historische Beziehung zu dieser Gegend hatten. Das alte christliche Kappadozien und sein Kulturerbe verschwanden in der allgemeinen Gleichgültigkeit.

Die weiten Ebenen liegen in gelblichem Licht. Die Sonne dient uns noch einige Minuten als Orientierung. Jetzt endlich steigt das Gelände im Westen allmählich an: Wir nähern uns Güzelyurt. In der Ferne, hinter dem Melendizberg, zerfließt die Sonne in einer verschwenderischen Fülle aus Regenbogenfarben, duftigen Tönen und ersterbenden Strahlen. Nie ist mir ein Horizont weiter, grenzenloser und farbenprächtiger erschienen, während wir an einem großen See vorbei in den Ort hineinfahren. Heute abend werden wir in einem Kloster übernachten, einem schönen, massiven Gebäude, dessen Basaltquader an der Fassade ebenfalls diese großen Reliefkreuze tragen. Die großen Innenräume sind von Rundbögen überwölbt. Man erkennt noch einen geräumigen Kapitelsaal, ein Refektorium und eine ehemalige Kapelle.

Willkommen im Hotel Karballa! Wir werden uns die Mönche dazudenken müssen, wenn wir Seite an Seite mit deutschen Touristen im Kapitelsaal unser Frühstück einnehmen. Und anstelle des Priesters döst ein phlegmatischer Hotelpage in der ehemaligen Kapelle, die zum Aufenthaltsraum für das Hotelpersonal umfunktioniert worden ist. Andererseits sind die französischen Revolutionäre noch sehr viel weiter gegangen, als sie die Zisterzienserabtei von Clairvaux in ein düsteres Gefängnis umwandelten ...

Der liebenswerte Hoteldirektor begrüßt uns auf französisch in der Eingangshalle und führt uns zu einer ehemaligen Mönchszelle, besser gesagt einem Schlafsaal. Unter den ehrwürdigen Gewölbedecken schlafen die Kleinen nach dieser stundenlangen Irrfahrt über die anatolische Platte sofort ein.

Das Kloster datiert aus dem 19. Jahrhundert und wurde 1924 aufgegeben, als die Griechen Anatolien verlassen mußten. Der Ort hatte in der Religionsgeschichte Kappadoziens eine bedeutende Rolle gespielt. Gregor von Nazianz war 330 in der Nähe geboren und hatte ihn zu einem bedeutenden religiösen Zentrum gemacht. Kappadozien ist vielleicht eine der ersten Provinzen des byzantinischen Reichs mit einer seit dem 3. Jahrhundert mehrheitlich christlichen Bevölkerung. Schon damals waren hier große Heilige wie Gregor Thaumaturgos apostolisch tätig. Doch vor allem im 4. Jahrhundert gelangte das Christentum mit den „kappadozischen Vätern“ wie dem energischen Arianismusgegner Basilius von Cäsarea, Gregor von Nazianz oder Gregor von Nyssa zu einer ganz außergewöhnlichen Entfaltung und Autorität. Der große Einfluß des kappadozischen Christentums und seine geographische Lage an der Grenze des Reichs machten es naturgemäß zu einer Plattform, von der aus die neue Religion in andere Länder gelangen konnte. So geschah es, daß gegen Ende des 3. Jahrhunderts Gregor, ein junger Armenier parthischer Herkunft, der im Zwist mit seinem Herrscher lag, in Cäsarea das Christentum kennenlernte und sich taufen ließ. Zurück in Armenien gelang es ihm nach vielen Schwierigkeiten, den armenischen König Trdat III. und seinen Hof zu der neuen Religion zu bekehren. Später nannte man ihn Gregor den Erleuchter, weil er dem armenischen Volk die Erleuchtung der christlichen Wahrheiten gebracht hatte. Doch auch im Glanz dieses Prestiges blieb Kappadozien ein überaus armes Land. Gregor von Nazianz schreibt, die Kappadozier hätten in erdrückender Armut gelebt und sich ihren Lebensunterhalt verdient, indem sie mit den Überresten der Toten einen schändlichen Handel trieben.

An diesem Abend gehen Marie und ich ins Dorf. Kühe begegnen uns, die allein, resigniert und in langsamem Trott in ihre jeweiligen Ställe zurückkehren. Die Cafés am Platz sind geöffnet; einige Männer sitzen auf Plastikstühlen, um noch ein Glas Tee zu schlürfen. Am Ende einer dunklen Gasse, die sich zwischen alten Häusern hindurchschlängelt, tanzt eine Gruppe Jugendlicher zu den Klängen traditioneller Musik. Sie haben einen Autoreifen in Brand gesteckt, der ihre nächtlichen Bewegungen beleuchtet. Es sind traditionelle Gemeinschaftstänze: kappadozische Bourrées, anatolische Gavotten. Wir sind hier im tiefsten kappadozischen Hinterland. Jungen und Mädchen halten sich an den Händen und heben die Füße übers Feuer. Die Musik ist traurig, aber mitreißend. Niemand lädt uns ein, mitzumachen, kein Lächeln, kein

Blick, kein Wort. Die Leute hier sehen zu viele Touristen. Sie sind gleichgültig geworden. Mit Touristen spricht man nicht. Im Sommer gehört der Tourist zur Landschaft. Er kommt mit seinen Euros und geht wieder. Im Winter findet Kappadozien unter einer dicken Schneeschicht wieder zu seinem Frieden und seinem rauhen Leben zurück. Ganz anders als die arabischen Länder, die wir kennen und wo die Touristen aus dem Westen sehr viel seltener sind. Sind wir Touristen? fragen wir uns. Vermutlich ja, aber das Gefühl ist neu für uns.

Am nächsten Tag wollen wir das Tal der Klöster besichtigen, doch zuvor trennen sich unsere Wege. Heute ist Markttag; die Bauern der ganzen Region strömen mit ihren Obstkisten und ihren erdigen Gemüsen in den Ort. Einer von ihnen sieht mich, als ich im Kofferraum des Autos etwas suche, und spricht mich auf arabisch an, weil er die Zulassungsplakette gesehen hat. Das ist das erste Mal, daß sich hier jemand für uns interessiert. Er spricht den syrischen Dialekt mit jenem langsamen Akzent des Nordens, über den man sich im Libanon so gerne lustig macht. Türgüt hat fünf Jahre als Fernfahrer in Syrien gearbeitet. Er fragt mich, wohin wir fahren.

„Nach Frankreich? Das geht ja, in zwei Tagen seid ihr da!"

Dann geht er um mein Auto herum und rät mir, die Luft in meinen Reifen aufzufüllen. Er hat rötliches Haar und erinnert mich mit seinem kleinen Schnurrbart und seinen hellen Augen ebenfalls ein bißchen an einen *Muschik*. Dann geht er wieder und lädt seine Kartoffeln ab.

Ich habe mich auf die Suche nach einem Internetcafé gemacht, um unseren Kontakt in Istanbul darüber zu informieren, daß wir vielleicht früher als erwartet dort ankommen werden. Bei den Reisevorbereitungen hatte ich im Gedanken an die wohl unvermeidlichen mechanischen oder gesundheitlichen Probleme vorsichtshalber einige zusätzliche Tage eingeplant. Gott sei Dank war bisher nichts derartiges vorgefallen. Die türkische Tastatur mit ihren komplizierten Buchstaben ist die einzige Schwierigkeit, und ich zögere lange, ehe ich mit einem Finger die kurze Mitteilung eintippe, die unsere Familien beruhigen soll.

Währenddessen schlendert Marie mit Paul über den Markt. Ich habe sie im Schutz der Atatürkbüste zurückgelassen, die in der Platzmitte thront, und es war beinahe rührend, wie brav unser kleiner Junge da unter dem Vater der modernen Türkei saß. Marie macht Fotos von einigen mehr oder weniger bereitwilligen Bäuerinnen mit ihren weißen Schleiern und ihrer einfachen ländlichen Tracht. Am Fischstand (Fisch in Anatolien, das muß man sich erst einmal trauen) packt Paul mit beiden Händen eine Dorade, die der Besitzer ihm hinhält, und läßt sie im Wasser des Brunnens schwimmen.

Unterhalb des Dorfs führt ein enges Tal zu einem Ort, der früher den byzantinischen Mönchen und Gläubigen Zuflucht bot. Kappadozien ist voll von solchen Schlupfwinkeln, Zeugen der Unsicherheit, die in dieser Region immer geherrscht hat. Nachdem die Araber Syrien und Mesopotamien eingenommen hatten, richteten sie ihren Blick auf Anatolien. 647 fiel Moawiya, der Gouverneur von Syrien, in Kappadozien ein und eroberte Cäsarea. Doch die Byzantiner leisteten Widerstand, und so gelang es den muslimischen Truppen nicht, auf Dauer diesseits des Taurusgebirges Fuß zu fassen. Kleinasien und Kappadozien im Zentrum blieben byzantinisch, wurden aber noch über mehrere Jahrhunderte hinweg von den Raubzügen der Araber heimgesucht.

Bis zum 9. Jahrhundert wiederholten sich diese arabischen Überfälle Jahr für Jahr von Mitte Mai bis Mitte Juni. Ihr Ziel war es, das Grenzgebiet des Islam zu sichern. In dieser Zeit begannen die Einwohner, die felsigen Landschaften Kappadoziens systematisch zu nutzen; sie bauten zahlreiche Höhlenkirchen und gruben die berühmten unterirdischen Städte in den Stein. In diesen gewaltigen Anlagen, deren Säle und Korridore sich auf bis zu zehn übereinanderliegenden Stockwerken erstrecken, konnten die Bewohner ganzer Ortschaften lange Zeit überleben.

Dann, gegen Ende des 11. Jahrhunderts, kamen die Türken, und diesmal war es endgültig. Paradoxerweise war es die moderne und laizistische Türkei, die dem kappadozischen Christentum den Todesstoß versetzte.

Am Eingang des Tales befindet sich eine der ältesten Kirchen von Kappadozien. Sie ist dem heiligen Gregor von Nazianz gewidmet. Im 4. Jahrhundert erbaut, verdankt sie ihren ausgezeichneten Zustand der Tatsache, daß sie 1924 in eine Moschee umgewandelt wurde. Das kleine Minarett aus roten Ziegeln stört den Gesamteindruck fast gar nicht. Es heißt, diese Kirche, mit deren Bau man 384 begann, habe der Hagia Sophia in Konstantinopel als Vorbild gedient. Im Inneren ist die hölzerne Ikonostase, das Geschenk eines russischen Zaren, noch heute erhalten.

Wir verbringen den ganzen Vormittag in dieser sattgrünen Schlucht, auf deren Grund sich ein fast ausgetrocknetes Rinnsal schlängelt. Eine Grotte nach der anderen tut sich vor unsere Blicken auf, in einigen befinden sich Kirchen, in anderen Mönchzellen, die mit großem Geschick in den weichen Fels hineingehauen wurden. Wir steigen bis zum vierten Stock der unterirdischen Stadt hinab, in der bis zu tausend Menschen leben konnten. Die kleinen Söhne des Wärters kennen sie bis in die allerletzten Winkel – auch die *toilets,* wie mir der jüngere der beiden immer wieder erzählt, wobei er das Wort mit amerikanischem Akzent ausspricht.

Als wir zum Auto zurückkehren, verjagt eine Bäuerin eine ihrer neugierigen Kühe, die gerade begonnen hatte, unsere Windschutzscheibe vollzusabbern. Die großartigen in Stein gehauenen Bürgerhäuser mit byzantinischen Symbolen sind halb verfallen. Die anderen dienen als Viehställe. Die Frau erblickt Marie, läßt ihre Kuh alleine zu ihrem Unterstand zurücklaufen und ruft ihre Kolleginnen, um gemeinsam mit ihnen das Baby der Europäerin zu bewundern. Ein Esel grast auf der Böschung, im Hintergrund erhebt sich das Minarett einer Moschee. Die Szenerie ist ländlich, das Genre rustikal …

Vor der Weiterfahrt nach Ankara werden wir noch einen Zwischenstop in jenem anderen Kappadozien einlegen, das man in einen Erlebnispark für Touristen aus dem Norden umgewandelt hat. Göreme, Uçhisar – Mondlandschaften, die direkt aus einem Science-Fiction-Film zu kommen scheinen. Am Fuß des ehemaligen Vulkans Erciyes, der diese Landschaft vor drei Millionen Jahren in eine Wüste verwandelt hat, erstrecken sich unzählige Felsschluchten, Täler in unendlich vielen Farbschattierungen, hochaufragende zitadellenartige Steilwände, die von natürlichen oder menschengemachten Höhlen durchsiebt sind, Feenkamine, Tuffsteinnadeln, Mondwälder, in denen Weinstöcke und Obstbäume wachsen … Vom Kale aus, einem riesigen spitzen Gebilde aus weichem Tuffstein, zu dem 42 Stufen hinaufführen, hat man eine atemberaubende Sicht. Über dem Aussichtspunkt flattert die türkische Fahne im Wind. Das Innere des Kale ist seit Urzeiten bewohnt und diente den Christen als Unterschlupf. Auf fast zwanzig Etagen gibt es Säle und Vorratsräume, die heute zum Teil eingestürzt sind. Aber der Ansturm der Touristen und die Dromedare, die als Attraktion gehalten werden, obwohl es sie in dieser Gegend eigentlich seit über hundert Jahren nicht mehr gibt, vertreiben uns rasch von diesem Ort.

Am Abend lasse ich mich auf dem winzigen Campingplatz – unserem Stützpunkt, ehe wir übermorgen in Istanbul ankommen – in unserem Reisetagebuch über den Massentourismus aus. Der freundliche Besitzer des Campingplatzes bringt mir etwas zu trinken, und in einem Kauderwelsch aus Englisch, Deutsch und Französisch sprechen wir über die Touristensaison. Mit seiner kleinen Tochter, die zwischen unseren Beinen herumkrabbelt, und seiner jungen, zurückhaltenden und nicht verschleierten Frau lebt er von all diesen Europäern, die vielleicht nicht unbedingt des kulturellen Erbes, aber auf jeden Fall der Exotik wegen herkommen. Er schwimmt nicht im Geld; sein kleines Haus zu Füßen der Feenkamine ist alles, was er besitzt. Seine Frau bringt uns Obst. Diese bescheidene Familie rührt mich.

Am Ende des Abends werde ich meine Notizen durchstreichen. Einer unserer französischen Reiseführer – der Favorit der spießig-unspießigen Rucksacktouristen und der menschenfreundlichen Authentizitätsjunkies – hält sich seitenlang damit auf, die kleinen Jobs zu geißeln, die durch die Touristenströme hervorgebracht werden, weil sie angeblich die Ruhe des Touristen stören, der bezahlt hat, um in begrenzter Zeit möglichst viel zu sehen, und der nach seiner Rückkehr seinen Kollegen im Büro erzählen will, daß er „Kappadozien gesehen hat". Das erinnert mich an die Bemerkung einer Französin in den Suqs von Aleppo, man solle die kleinen Lieferwagen verbieten, die so einen Lärm machten, und statt dessen nur Esel erlauben, die doch viel typischer wären. Nur daß die Menschen, die sich in den Suqs fortbewegen, vor allem Menschen sind, die arbeiten und im übrigen schlecht und recht davon leben. Wer so redet, beleidigt die Einheimischen, die hier zu Hause sind und sich wenig um Archäologie oder Folklore, sondern mehr darum scheren, was man im satten Europa nicht mehr kennen will: die Sorge ums Überleben und um das tägliche Brot.

Das Schwarze Meer als Entschädigung

„Thalassa, thalassa!“

Xenophon, *Anabasis* IV, 7, 2

Am nächsten Tag fahren wir weiter durch die unermeßlichen Weiten Anatoliens. Rechts und links von dieser langen Straße, die uns nach Norden führen soll, werden die Landschaften immer trockener, immer leerer. Von Aksaray an befindet sie sich im Bau, und wir brauchen fünf lange Stunden, um auf der Höhe von Ankara anzukommen. Anatolien will und will nicht aufhören mit seinen trockenen Hügelkuppen, seinen Salzseen, seinen ockerfarbenen Steppen, seinen grauen Schottersteinen und seinem dürren Vieh. Die Straße ist zuweilen nicht mehr als eine Piste, und wir ziehen eine Wolke von Staub hinter uns her, während wir an den Baustellenfahrzeugen vorbeifahren, die in dieser Hitze führerlos dastehen, oder von Viehtransportern mit sportlichem Fahrstil haarscharf überholt werden. Die Kinder liegen völlig erschöpft auf den hinteren Sitzen: Die Sonne brennt seit dem Morgen von rechts und beglückt uns am Nachmittag von links. Ankara ist in Sichtweite; wir umfahren es lieber und sehen nur seine unschönen, methodisch angelegten Vorstädte, die uns an die israelischen Siedlungen erinnern. Ein Blick auf das Atatürk-Mausoleum ist uns nicht vergönnt – jenes riesige Monument, das eine ganze Zeitlang nach seinem Tod in dieser seelenlosen Stadt erbaut wurde, die er als Hauptstadt der modernen Türkei ausgewählt hatte: weit, sehr weit von Istanbul und seinen hybriden Ufern, weit von diesem Babylon entfernt, das schon so oft mit dem Abendland paktiert hatte. Jedes Jahr am 29. Oktober, seinem Todestag, steht das Leben im ganzen Land für eine Minute still. Stellen Sie sich auf einer

Fläche von 800.000 Quadratmetern Millionen von Menschen vor, die wort- und regungslos dem Vater der Türken die Ehre erweisen – und das seit über sechzig Jahren. Die Autos bleiben stehen, in den Klassenräumen erheben die Schüler sich von ihren Bänken, sechzig Sekunden lang erstarrt das Leben. Jeder Türke respektiert diese Minute – alles andere würde als Sakrileg geahndet. Zumindest dort, mitten in Zentralanatolien, unter dem Stöhnen des eisigen Windes und den Gespenstern der Hethiter hatte die Türkei eine Hauptstadt gefunden, die ebenso radikal ist wie das Projekt ihrer noch jungen Republik.

Niemals ist uns eine Gegend so weit und so menschenleer erschienen: Nicht einmal in der syrischen Wüste waren die Intervalle zwischen den Autos oder Ziegenhirten so groß gewesen. Nur die Tankstellen erinnern uns an die Anwesenheit des Menschen. Endlich häufen sich die Vorzeichen, die auf ein allmähliches Ansteigen des Geländes hindeuten: Es geht häufiger bergauf, und die kaum spürbaren Höhenunterschiede führen uns dem pontischen Gebirge entgegen. Dieses mächtige, hochaufragende Massiv verläuft entlang dem Schwarzen Meer und versperrt einmal mehr den direkten Weg zur Küste. Als wir an einer Tankstelle in 1500 Metern Höhe haltmachen, finden wir uns inmitten von Tannen und Bergen in einer frischen und belebenden Luft wieder, während noch zwei Stunden zuvor die Mittagshitze über dürren Landschaften gebrütet hatte.

Erst danach beginnt die lange Abfahrt zum Schwarzen Meer, zu dem das Gebirge jäh abstürzt. Hier ist das Klima unerwartet feucht und warm, und die Hügel sind, soweit das Auge reicht, mit Nußbäumen bestanden; wie ein gekräuseltes Fell bedecken sie die pontischen Kuppen, auf denen wieder und wieder bunte Moscheen ihre schlanken Minarette in den Himmel recken. Ein riesiger Viadukt stürzt sich zur Küste hinab, ohne den Umweg über die Serpentinen zu nehmen, die sich sorgfältig durch die Gebirgsausläufer hinunterschlängeln, daß einem schwindelig wird. Hier regnet es zum ersten Mal auf der ganzen Reise. Ein kräftiger, anständiger Schauer, der auf unser Auto prasselt und es von allem Staub befreit. Zwar kann man sein Vaterland nicht an den Fußsohlen mitnehmen, aber dieser Staub stammte noch aus der Bekaa oder vom Qalamun oder aus Kappadozien: Wir mußten ihn hierlassen und uns auf diese Weise an der Schwelle Europas darauf vorbereiten, in eine andere Welt zurückzukehren. Unsere letzte Nacht vor Istanbul vergeht unter einem heftigen Gewitter, das auf dem Meer entsteht, an Kraft gewinnt und sich an seinen Ufern austobt. In der *Pansyion,* in der wir über Nacht ein Zimmer genommen haben und die etwas oberhalb gleich über dem Meer liegt, künden uns Blitz und Donner von einer anderen Welt, die wir erst wieder neu kennenlernen müssen. Die frische Luft, die waldigen Hügel, die alten Häuser aus Holz und Ziegeln, die englischen *Cottages* ähneln, haben uns schlagartig in eine andere Dimension versetzt, so wie eine Wasserscheide zwei Flußgebiete voneinander trennt und dafür sorgt, daß auch der kleinste Wassertropfen unweigerlich in einem der beiden Flüsse landet. Unsere „Wasserscheide" verläuft vom pontischen Gebirge in Richtung Istanbul und Europa, das ist klar zu erkennen. Es ist die berühmte Reise in den Orient, nur umgekehrt. Unser Istanbul, das wissen wir noch nicht, wird das Gegenteil des orientalistischen Klischees und ein Fortsatz des Westens, ein abendländisches Konfetti sein. Dieser Sommerregen will uns auch zeigen, daß der Orient, wenn man von dort kommt, hier endet, an den Gestaden des Schwarzen Meers. In Akçakoca erhebt sich an seinen gräulichen Ufern noch ein altes genuesisches Fort, das von Touristen überschwemmt ist. Paul kann absolut nicht begreifen, warum das Meer nicht blau, sondern schwarz ist. Nun ist es soweit: Wir sind Touristen.

Unfaßbares Istanbul

„O Natur, Schönheit, unaussprechliche Anmut der Städte des Orients, am Saum der Meere erbaut (...) wie soll man den Eindruck schildern, den ihr jedem Träumer vermittelt und der doch nur die Wirklichkeit einer vorhergesehenen Empfindung ist? Man hat es ja schon in den Büchern gelesen."

Gérard de Nerval, *Voyage en Orient*

Tags darauf machen wir uns wieder auf den Weg Richtung Istanbul. Jetzt dringt der Atem der großen Stadt bereits bis zu uns: In einem Umkreis von vielen Kilometern schart sie bereits ihren Hofstaat aus tristen Industriegebieten und Betonflächen um sich. Zehn Millionen Türken drängen sich in ihren endlosen Vorstädten, wo die Gebäude über Nacht aus dem Boden schießen. Wie ein Seiltänzer balanciert die Autobahn sanft zwischen dem Schwarzen Meer und dem Marmarameer, auf denen es von Tankschiffen und Fähren wimmelt und deren Küsten mit Kränen und Masten gespickt sind. Anatolien ist weit entfernt, hier herrscht Massenandrang, die Straßen sind voll, wir erleben unsere ersten Staus. Nach chaotischen Tunnels und Kreuzungen nähern wir uns von den Bergen her der Stadt mit den sieben Hügeln – wie das erste Rom, deren Erbin sie einige Jahrhunderte lang war – und halten auf das asiatische Ufer zu, wo wir einige Tage verbringen wollen.

Istanbul wirkt auf Anhieb wie eine Stadt, die sich zur Schau stellt, eine Stadt, die sich, vom Meer umspült, selbst bespiegelt und deren narzißtische Ufer geradezu miteinander zu wetteifern scheinen.

Nichtsdestotrotz sind die beständigen Gefälle und Steigungen ihrer Topographie nicht eben ein Geschenk für den Ortsunkundigen, der sich seinen Weg suchen muß. Als Anlaufstelle in Istanbul hatte man uns die Adresse des *Sanjosef Lisesi* im Stadtteil Kadıköy genannt, uns jedoch vor allem empfohlen, uns an einen Passanten zu wenden. Binnen einer Viertelstunde hatten wir unser Ziel erreicht … Per Zufall waren wir nach links in eine enge Gasse von Kadıköy eingebogen, um jemanden nach dem Weg zu fragen, als wir uns auch schon vor dem Tor des *Lycée Saint-Joseph* wiederfanden.

Wie dankbar waren wir unserer Freundin Bénédicte, die unser Kommen angekündigt hatte! Wir werden sie wiedersehen, wenn sie von ihrer letzten Expedition an die Grenzen des östlichen Anatolien zurückgekehrt ist. Sie ist als Mathematiklehrerin an diesem Salesianergymnasium tätig und hat *Monsieur* Mario, einem italienischstämmigen Levantiner, den Auftrag erteilt, sich um uns zu kümmern. Das Auto wird einige Tage lang unter den Linden im schattigen Hof der französischen Einrichtung verschnaufen können. In Istanbul gibt es sechs christliche Schulen, darunter das *Lycée Saint-Joseph* und das *Lycée Saint-Benoît de Chalcédoine,* außerdem das französisch-türkische Gymnasium von Galatasaray, die von den Kindern der wohlhabenden Muslime besucht werden. Unnötig zu sagen, daß das Fortbestehen dieser Einrichtungen sie ihren spezifisch christlichen Charakter gekostet hat.

Wir bleiben fünf Tage in Istanbul, fünf Tage in immer gleichem Rhythmus: Bei Tagesanbruch gehen wir zum Meer hinunter und nehmen ein *Vapur,* eines dieser zahlreichen kleinen Boote, die zwischen den beiden Ufern des Bosporus verkehren. Binnen zwanzig Minuten erreichen wir gemeinsam mit vielen anderen Passagieren, die mit der Aktentasche unter dem Arm unterwegs zur Arbeit sind, das Ufer von Eminonü: Wir sind von Asien nach Europa übergesetzt. Und wenn wir am Abend im dunstigen Licht der untergehenden Sonne wieder nach Asien zurückkehren, winken die stolzen Minarette uns von Sultanhamet aus zu, und der Bosporus wird zu einem Meer aus Honig, das von unzähligen Schiffen durchzogen ist.

Der Meeresarm, der auf der Höhe des Goldenen Horns in die Stadt hineinragt, ist eine Welt für sich. Zwischen dem Hügel von Galata im Osten und dem Viertel Sultanhamet im Westen spielen Orient und Okzident miteinander Verstecken. Galata und Pera sind die beiden Viertel, die uns zuallererst anziehen. Dort haben wir die besten Chancen, Christen zu begegnen. Der große genuesische Turm, der über Galata thront, hieß früher einmal Christusturm. Handel verpflichtet – von der Höhe dieses Hügels aus hatten die Genuesen 1453 zugesehen, wie Konstantinopel von den Osmanen erobert wurde. Sie hatten sich damit begnügt, einen Kapitulationsvertrag zu unterzeichnen, der ihnen den Schutz ihres Eigentums, ihrer Person und ihrer Kirchen garantierte. Später wiesen die Osmanen den Christen die Stadtteile Galata und Pera als „christliches Ghetto" zu. Hier ließen sich die christlichen Botschaften nieder, die nach und nach in der Hauptstadt eintrafen – mit Ausnahme der Delegation des deutschen Kaisers, der sich als einziger mit dem Sultan auf eine Stufe stellen durfte: Seine Gesandtschaft wohnte unweit des Topkapı-Palasts. Die Türken überquerten das Goldene Horn, um in den griechischen Tavernen nach Belieben Wein zu trinken. In Galata wurde auch der Handel mit dem Abendland abgewickelt. Die Levantiner, Familien von Europäern oder orientalischen Christen aus Armenien oder dem Libanon, schlugen schließlich Wurzeln und faßten endgültig Fuß im Osmanischen Reich. Als die bevorzugten Zwischenhändler der Europäer machten sie die Viertel von Galata und Pera zum wirtschaftlichen Zentrum der Stadt.

Dieser Teil von Istanbul ist wie eine Anthologie der modernen Architektur. Die großen Fensterfronten, bunten Fassaden und die nostalgische Straßenbahn, deren Glocke ein lärmendes, metallisches Scheppern von sich gibt, erinnern an eine Stadt aus dem Norden. Hier und da erblickt man Art-déco-Hotels und überdachte Passagen mit suggestiven Namen: *Passage de Roumélie, Passage d'Alep, Passage des Petits-Champs,* original französisch. In diesem kosmopolitischen Viertel verständigten sich Juden, Armenier, Franzosen, Weißrussen oder Italiener auf französisch. Im Unterschied zu den anderen Vierteln von Istanbul sind die Kirchen hier Legion, jedoch meist geschlossen und zuweilen auch nicht mehr in Benutzung. Jede der hiesigen Siedlungen hatte kraft der mit den Türken geschlossenen Verträge ihr eigenes Gotteshaus. Nach der Vertreibung der Levantiner und der Christen ganz allgemein in den 1950er Jahren wurden die Kirchen in Museen umgewandelt, mit Gittern verschlossen oder gingen wie *Saint-Louis-des-Français* auf dem Territorium des französischen Konsulats in das Eigentum der Konsulate über. Die Anatolier kamen, um die Lücke zu füllen, die die Vertriebenen hinterlassen hatten, und lange Zeit befand sich das Viertel im Niedergang. Inzwischen hat es wieder Farbe bekommen.

Nur einige Kirchen wie die griechisch-orthodoxe (deren Patriarch türkischer Staatsangehörigkeit sein muß!) oder die armenisch-apostolische waren von Ankara anerkannt worden. Nach dem Ende des Ersten Weltkriegs garantierte die Anwesenheit des orthodoxen Patriarchats von Istanbul und der rund 250.000 Griechen, die damals noch in der Türkei und insbesondere in Istanbul im Viertel von Phanar lebten, die Rechte der trotz des Bevölkerungsaustauschs in Griechenland verbliebenen Türken. Diese Griechen konnte die Türkei mühelos schikanieren, wenn Athen mit den Türken in Thrakien dasselbe versuchen sollte. Der Vertrag von Lausanne sah eine ganze Reihe von Maßnahmen vor, die die religiösen, sprachlichen und schulischen Rechte der beiden Minderheiten garantieren sollten.

Dennoch wurde die ethnische Säuberung auf türkischer Seite im Zuge der antigriechischen Unruhen in den Jahren 1955, 1964 und 1974 ganz offen betrieben und die griechische Bevölkerung nahezu vollständig verjagt. Heute leben in Istanbul nur mehr etwa dreitausend Griechen ...

Die katholische Kirche, die in der Türkei keinerlei Rechtsstatus besitzt, verlor einen Großteil ihrer Besitztümer, die in den 1920er Jahren verstaatlicht wurden.

Immer dieses seltsame Mißtrauen gegenüber allem, was mit dem Christentum zu tun hat. Eines Tages spricht uns auf der Straße, die zum Taksim-Platz führt, ein Passant an. Er hat gehört, daß wir mit unserem kleinen Jungen arabisch gesprochen haben.

„Sprechen Sie arabisch? Ich bin aus dem Süden, aus Iskenderun (Alexandrette)."

Wieder machen wir jemandem eine Freude.

„Man spricht hier in Istanbul nicht viel Arabisch. Das wird nicht gerne gesehen. Ich freue mich", sagt er mit einem breiten Lächeln.

Die Frage brennt uns auf den Lippen. Doch er ist es, der den ersten Vorstoß wagt.

„Christen? Ich auch, ich bin orthodox."

Einige Tage später treffen wir ihn zufällig unter dem gewaltigen Gewölbe der Hagia Sophia wieder.

Ein anderes Mal sind es zwei Männer, Brüder, die unauffällig in einer Türöffnung stehen. Sie identifizieren uns sofort und winken uns zu sich. Hinter der schweren Tür bietet sich unseren Blicken eine schöne neoklassizistische Kirche dar, die von der Straße aus nicht zu sehen gewesen war. Es ist der Sitz des armenisch-katholischen Patriarchats, dessen Seminar auf Anordnung der türkischen Behörden seit den Siebzigerjahren geschlossen ist. Die beiden Brüder begleiten uns in das Innere des Gebäudes: ein barockes Juwel, dessen Hauptaltar uns mit seinem auf vier gedrehten Säulen ruhenden Baldachin an den Petersdom in Rom erinnert. Wir beten in Gesellschaft der beiden Armenier, die sich vor der Statue der Jungfrau unablässig bekreuzigen. Als wir wieder auf der Straße stehen, fällt die schwere Tür hinter uns ins Schloß und läßt nichts von einer christlichen Gegenwart erahnen. Girlanden mit kleinen türkischen Fahnen, die von Fassade zu Fassade gespannt sind, während die Kunden darunter sitzen und Tee trinken, holen uns in die Wirklichkeit zurück.

Istanbul ist eine merkwürdige Stadt. Selbst in den typischen Vierteln, dem Sultanspalast, der an ein Nomadenzeltlager erinnert, oder Sultanhamet mit seinen Moscheen, fällt es schwer, den Orient wiederzufinden, den wir kennengelernt haben. Der Große Bazar erinnert uns eher an einen riesigen Supermarkt: Er ist einfach zu sauber, zu ordentlich, und außerdem wird hier kaum gefeilscht, schon gar nicht zum beiderseitigen Vergnügen. Die umliegenden, etwas anarchischeren Straßen erinnern uns gerade mal an die Markttage im Marseiller Viertel Belsunce. Aber was soll's, wir sind deswegen nicht enttäuscht. In den kleinen Cafés oder, besser gesagt, Teesalons – denn hier ist der *Çai* das beliebteste Getränk – genießen wir unsere letzten Stunden in Istanbul. Mit ihren Weinlauben und ihren Kacheln aus blauer Fayence sind sie unsere Häfen des Friedens, die Zufluchtsorte dieser langen Tage als Fußgänger. In den umliegenden Straßen lassen die Scharen der Stambuler ahnen, was für ein erstaunlicher Schmelztiegel die Türkei ist. Die eine oder andere zufällige Bewegung – eine Drehung des Kopfes, ein Schuhputzer, der sich seinem Kunden zuwendet, ein Händler, der sich aufregt – verrät die breite Palette der ethnischen Typen. Für den Bruchteil einer Sekunde hat die verschleierte Frau dort drüben uns mit ihren asiatisch geschnittenen Augen angesehen, haben wir einen helläugigen Passanten an seiner Haltung als Bewohner der ländlichen Balkanregion und einen anderen an seinem sonnengebräunten Teint als kurdischen Hirten erkannt. Die Dämmerung senkt sich über die Hagia Sophia, der Muezzin der Blauen Moschee, mit dem ich am Nachmittag einige arabische Worte gewechselt habe, hat seinen langen, traurigen Aufruf begonnen. Es ist Zeit, nach Asien, nach Kadıköy zurückzukehren. Am morgigen Sonntag werden wir bereits in Griechenland sein.

Die lateinische Kirche von Kadıköy ist ein surrealer und geheimer Ort. Die Messe wird auf türkisch zelebriert, die Umgebung ist barock, und wir sind nur eine Handvoll Leute. Unsere quirligen Kinder bringen ein bißchen Leben in diese Altmännerveranstaltung. Am Ausgang lernen wir in der Schar der Greise die letzten Abkömmlinge der levantinischen Familien von Istanbul, Italiener, Polen oder Franzosen, kennen: alte, würdige Herren und vornehme Damen mit einem altmodischen Französisch. Die letzten Überlebenden des kosmopolitischen Istanbul sind vom Aussterben bedroht.

Epirus liegt vor uns

„Man sollte Montauban nie verlassen."

Michel Audiard

Das Schiff erwartet uns in zwei Tagen im äußersten Westen Griechenlands. Von der monumentalen Brücke aus werfen wir einen letzten Blick auf den Bosporus und sind wenige Sekunden später endgültig auf der europäischen Seite angekommen. Die Reise ist zu Ende. Das östliche Thrazien, das noch zur Türkei gehört, ist lang und schmal und von uninteressanten Stränden gesäumt. Wir beißen die Zähne zusammen, und in unserem Inneren steigt eine unbestimmte Frage auf: Müssen wir etwas fühlen, wenn wir in die Europäische Union zurückkehren, müssen wir den Moment der Grenzüberschreitung weihevoll begehen, ein Zeichen setzen? Müssen wir es dem Papst nachtun und Europas heiligen Boden küssen? Mit solchen Diskussionen vergehen die Kilometer, die uns noch von der griechisch-türkischen Grenze trennen. Sie wird durch einen kleinen, bescheidenen Fluß gebildet, den Evros, der in Bulgarien entspringt. Seine beiden extrem militarisierten Ufer gehören zu einer der am höchsten aufgerüsteten Regionen Europas. Gleichzeitig ist es die Sackgasse der Türkei. Uns gegenüber liegt das griechische Thrazien wie ein vorgeschobener Posten der Europäischen Union.

An der 212 Kilometer langen Landgrenze zwischen Griechenland und der Türkei gibt es nur zwei Übergänge vom einen Land zum anderen: den von Andrinopel, dem heutigen Edirne, der am Tag unser Ankunft geschlossen war, und der von Ipsala, dreißig Kilometer vom Meer entfernt, der Tag und Nacht geöffnet ist. Dieser große türkische Ort liegt an der alten römischen Straße, die Rom mit Byzanz verband. Eine drückende Stimmung lastet auf den Straßen, in denen hin und wieder Militärpolizei patrouilliert. An jeder Kreuzung sind Lautsprecher an den Strommasten befestigt. Regelmäßig erklingt daraus eine strenge Stimme. Die vor allem von Zigeunern bewohnte Stadt ist für Ausländer verboten. Das trifft sich gut, denn wir wollten ohnehin nicht anhalten. Ganze Banden von schmutzigen Kindern laufen an der Straße entlang und werfen uns neugierige Blicke zu …

Bald sind wir am türkischen Grenzposten angelangt, dicht an dicht mit dem 2 CV Break zweier slowenischer Althippies, mit denen wir uns die Zeit vertreiben. Die Formalitäten sind langwierig. Ein Bus mit griechischen Touristen hat Mühe, die Türkei zu verlassen. Vielleicht eine Folge der überschwenglichen Begeisterung der türkischen Zöllner. Wir trösten uns damit, daß es bei den Griechen wohl schneller gehen wird. *„Güle Güle“,* verkündet ein höfliches Schild am letzten türkischen Schalter. Diese Worte ruft man in der Türkei jemandem zu, der fortgeht. Das hatte uns Bénédicte beim Abschied unter den Linden des *Lycée Saint-Joseph* erklärt. Wörtlich übersetzt heißt es „Lacht, lacht“. Also verabschieden wir uns mit einem Lächeln von der Türkei. Etwas wie Erregung steigt in uns auf. Die Straße führt auf eine kleine Brücke. Die Brücke über den Evros, einen definitiv unbedeutenden Fluß. Der Begriff der natürlichen Grenze muß relativiert werden. Diese hier könnte man fast aus dem Stand überspringen, wenn nicht auf halbem Weg zwischen den beiden Ufern zwei Schilderhäuschen stünden. Genau in der Mitte der Brücke wehen Seite an Seite der türkische Halbmond und das griechische Kreuz, rot gegen blau. Man fragt sich, ob die Militärs der beiden Armeen, die sich hier gegenüberstehen, manchmal miteinander sprechen, da sie einander doch so nahe sind. Am Ende der

Brücke flattert die europäische Fahne im Wind. Wir sind in Griechenland, doch wieder erwarten uns Formalitäten. Wir haben nicht einmal daran gedacht, den Moment zu feiern. Wobei die Grenzposten uns auch nicht gerade in die Stimmung versetzen, den Boden zu küssen. Solche Übergänge sind in der Regel wenig einladende, sterile und seelenlose Orte. Man müßte aber doch zumindest einen leichten Schauder verspüren – immerhin sind wir jetzt in Europa! Doch zwischen dem Beton und dem *Duty Free* des Grenzübergangs gibt es wenig, was einen in Begeisterung versetzen könnte. Aber es ist das letzte Mal, daß wir am Zoll halten müssen, unser letzter Grenzposten vor Paris.

Zudem wird unsere Begeisterung durch eine regelrechte Hanswurstiade abgekühlt, die uns widerfährt. Der griechische Zollbeamte in Zivil erklärt mir seelenruhig, an seinem Grenzposten könne man uns die sogenannte „grüne Karte“, mit der man als Autofahrer in allen Ländern der Europäischen Union versichert ist, nicht unterschreiben. Dazu müßten wir in die Türkei zurückkehren. Also überqueren wir zur großen Verwunderung der Ordonnanz ein zweites Mal den Evros und kehren in die Türkei zurück, um uns dort die Fahrerlaubnis für Europa unterschreiben zu lassen. Nach einer Stunde bin ich um hundert Dollar ärmer, habe einen komplett auf türkisch abgefaßten Vertrag unterzeichnet und halte nun stolz mein ebenfalls auf türkisch abgefaßtes Dokument in Händen. Das nennt man wohl eine Blankounterschrift. Ich kann mir jetzt schon die verblüfften Mienen der französischen Gendarmen vorstellen, wenn sie nach dem vorschriftsmäßigen Mützengruß und dem liebenswürdigen Vorgeplänkel meinen Versicherungsschein kontrollieren.

Dreimal haben wir den Evros heute überquert und sind gleichsam zögernd auf unseren heimischen Kontinent zurückgekehrt. Der griechische Zollbeamte läßt sich nicht einmal dazu herab, uns auch nur einen winzigen Stempel auf unsere Papiere zu drücken.

Doch für weitere Aufenthalte bleibt uns keine Zeit: Am Morgen sind wir von Istanbul aus aufgebrochen, und diese mühsamen Formalitäten haben uns bis in den frühen Nachmittag hinein aufgehalten. Es ist brütend heiß, und wir müssen uns beeilen, um noch so weit wie irgend möglich Richtung Ionisches Meer und Westgriechenland zu kommen. Der V8 muß zeigen, was er kann, und das ohne Bedauern, denn verglichen mit der Türkei ist der Sprit hier relativ günstig. Eine oder zwei Stunden lang erstrecken sich zwischen Meer und Hügeln die trockenen und steinigen Landschaften des westlichen Thrazien. Wir sind überrascht, hier und da in einem Dorf abseits der Straße in der Ferne das Minarett einer Moschee zu erblicken. In diesem bis in die Haarspitzen christlichen Land ist das erstaunlich. Bis 2001 war Griechenland das einzige Land der Europäischen Union, das die Religion jedes Bürgers auf seinem Personalausweis verzeichnete. Die griechische Verfassung, die „im Namen der einen und unteilbaren Dreifaltigkeit" verkündet wurde, erklärt, daß „die herrschende Religion in Griechenland die der orthodoxen Ostkirche Christi ist, die ‚Unseren Herrn Jesus Christus als Oberhaupt' anerkennt und in Fragen der Lehre untrennbar mit der Großen Kirche von Konstantinopel und jeder anderen homodoxen christlichen Kirche vereint ist".

Doch bis etwa 1920 war diese Gegend von Türken besiedelt. Übrigens wurde hier auch Atatürk geboren, und man schätzt, daß im westlichen Thrazien noch heute 110.000 muslimische Griechen leben. Rechnen Sie einige Walachen, Zigeuner, Armenier oder Albaner hinzu, vergleichen Sie den halblegalen Status der türkischen Muslime in Griechenland mit der kompletten Nichtanerkennung der türkischsprachigen orthodoxen Gläubigen, und Sie werden verstehen, inwiefern Mazedonien einen Vorgeschmack auf die chaotische Situation des Balkans darstellt. Im übrigen ist dies der Name ganzer drei Verwaltungsbezirke, an denen wir an diesem Spätnachmittag entlangfahren: Ost-, Mittel- und Westmazedonien. Ohne Bedauern lassen wir den Berg Olymp hinter uns. Dann Saloniki, von dem wir nur den riesigen Hafen unterhalb der Stadt sehen, ein Wald aus Kränen und Fabrikschornsteinen, ein summender Bienenstock aus Fracht- und Containerschiffen. Die Versuchung ist groß, noch einmal einen Abstecher zu machen und das südliche Attika, Athen und den Peloponnes zu sehen, doch wir müssen abbiegen und uns möglichst weit nördlich halten. Dann erstrecken sich die weiten, fruchtbaren Ebenen Thessaliens unter der warmen Sonne, die jedoch schwächer wird und sich hinter den direkt vor uns liegenden Bergen versteckt. Nach Hügeln und Wäldern, schnurgeraden Straßen und gelben Ebenen taucht der Tag schließlich ins Gebirge ab, doch wir müssen weiterfahren. Keine Pause, die Kinder leben im Auto, wir müssen noch heute abend Epirus erreichen. Wir sind jetzt entschlossen heimzukehren. Von Tankstelle zu Tankstelle brausen wir quer durch Thessalien. Endlich erreichen wir die ersten Ausläufer des Pindos. Um zehn Uhr haben wir zu Füßen der Meteoraklöster inmitten von Touristen, die lärmend aus den Duschen kommen, eine kleine Ecke auf einem Campingplatz ergattert. Heute morgen waren wir noch in Istanbul, fast neunhundert Kilometer von hier entfernt. Wette gewonnen.

Auf den Bergkuppen des Pindos, die lange Zeit von umherziehenden walachischen Viehzüchtern bevölkert waren, hat man seit dem 11. Jahrhundert auf engen und schwer zugänglichen Felsformationen die Meteoraklöster erbaut. Die meisten dieser achtzig Klöster datieren aus dem 14. Jahrhundert. Sie kleben geradezu auf ihren abgerundeten Bergspitzen und werden heute von Touristen aus dem Norden überschwemmt. Wir werden das *Megálo Metéoro* mit seinen herrlichen Fresken und das Kloster *Hagios Stéphanos,* Sankt Stephanus, besuchen, wobei uns jedes Mal die griechische Fahne und, zum Zeichen der Verbundenheit mit der griechischen Orthodoxie, die Fahne der autonomen Mönchsrepublik Athos begrüßen. Ironie des Schicksals: Während des letzten Krieges bombardierten die Deutschen diese Adlernester, die von griechischen Widerstandskämpfern benutzt wurden. Drei Viertel wurden zerstört. Heute sind die friedlichen deutschen Touristen die unbestrittenen Experten, wenn es darum geht, diese Felsspitzen zu erklimmen, die einst der Alptraum ihrer Landsleute von der Wehrmacht waren. Wir räumen das Feld, als wir die klimatisierten Horden in einer Wolke aus Sonnenmilchduft aus den Bussen stürmen sehen. Wir müssen Epirus durchqueren und heute abend in Igoumenitsa das Schiff nehmen.

250 Kilometer, das ist ja der reine Sonntagsspaziergang, denke ich, als ich einen zerstreuten Blick auf die Karte werfe. Fahrtechnisch gesehen wird Epirus jedoch unser schlimmster Alptraum und eine der anstrengendsten Etappen neben der Straße des Todes, die wir ja bereits in Syrien hinter uns gebracht hatten.

Das teils zu Albanien und teils zu Griechenland gehörige Epirus ist eine bergige Region, ein karges Land mit rauhem Klima, das von den großen prähistorischen Verwerfungen komplett zerstückelt worden ist. Ganz im Süden grenzt eine fruchtbare Ebene an die Küste. Das übrige Land ist unwirtlich, trocken und wird von extrem harten Wintern heimgesucht. Kein Lebenszeichen ist in diesen verlorenen Weiten zu entdecken. Ein Hügel reiht sich an den anderen; den einzigen Horizont bildet das Gebirge, das hartnäckig immer wieder neu beginnt. In Ioannina, der Bezirkshauptstadt, erstreckt sich ein trübseliger, trister See. Die Straße ist grundsätzlich verquer, kurvig, buckelig und unfähig, auch nur den kleinsten Höhenunterschied geradlinig zu überwinden. Die Monotonie der Lenkbewegungen wird zur Qual. Eine unendliche Folge aus Serpentinen, in denen man immer vorsichtig fahren muß, um nicht die Kontrolle über den Zweitonner zu verlieren. Die Bremsen laufen heiß, die Reifen singen, wenn sie nicht gerade dumpf hämmernd über die engen Metallbrücken aus aneinandergefügten Blechstücken rollen, die auch noch über das kleinste Rinnsal führen. Italienische und griechische LKWs liefern einander Wettrennen in den Kurven und auf den engen Straßen; bisweilen brausen sie nur um Haaresbreite an einem alten Mann und seinem Esel oder an einer Frau mit schwarzem Kopftuch vorbei, die ein Reisigbündel trägt. In dieser Region, so hatte ich mir sagen lassen, hält sich eine albanische Guerilla verborgen, die mit den albanischen Kosovo-Rebellen unter einer Decke steckt. Bis 1949 herrschte Bürgerkrieg in diesem Partisanenparadies mit seinen Hinterhalten und versteckten Wegen. Die Albaner waren der Ansicht, diese Region gehöre ihnen, und noch heute nennen sie sie die *Chameria.* Aber heute schlafen sie vermutlich unter dieser Sonne, die so heiß auf die Hänge des Epirusgebirges herunterbrennt, diese rauhen albanischen Rebellen, die man hinter jeder Straßenbiegung wähnt, mit ihren Schnurrbärten und dem kleinen türkischen *Tarbusch* auf dem Kopf. Vielleicht gibt es sie auch gar nicht mehr …

Endlich weitet sich der Horizont, und wir erblicken das Ionische Meer. Kein Berg versperrt uns mehr die Sicht. Vom Gebirge haben wir erst einmal genug, und wir schwören uns, unseren nächsten Urlaub in der Beauce oder an der Somme zu verbringen.

In Igoumenitsa herrscht, wie an allen Transitorten, eine bedrückende Atmosphäre. Albanische Kinder durchstreifen in Banden die Kais, die aufs Meer hinausgehen; sie suchen das Abenteuer oder vielleicht ein Schiff, das sie ins Eldorado bringt. Gebräunte Europäer, manchmal auch ganze Familien, drängen sich in ihren komfortablen Wohnwagen. Viele in Deutschland oder Frankreich wohnhafte oder eingebürgerte Türken kommen aus den Ferien zurück. In der Ferne läßt die Insel Korfu ihren Vorhang aus goldenem Dunst glitzern. Wir essen ein paar Sandwichs, während wir auf das Schiff warten, das mit zweistündiger Verspätung gegen 23 Uhr ankommen wird. Unterdessen unterhalten wir uns mit einem Landsmann, Ahmet aus Clermont-Ferrand, der am Steuer seines dicken BMW gerade aus der Türkei kommt, wo er geschäftliche Angelegenheiten zu regeln hatte. Er ist Kurde und spricht mit dem Akzent der Auvergne. Er kennt diesen Hafen, den er seit vielen Jahren benutzt, besser als jeder andere.

„Alle versuchen hier ein Schiff zu bekommen. Gestern abend habe ich mit Irakern, Kurden aus dem Norden, gegessen. Sie wollen heute in einem Lastwagen durchschlüpfen. *Inschallah* ...“

Die Autos reihen sich am Hafen ein, denn in der Ferne sind inzwischen die Lichter des Schiffes zu erkennen. Um sich die Zeit zu vertreiben, begutachtet Ahmet meinen Motor, pfeift anerkennend, poliert seinen BMW. Auf dem Boot wird er den Kindern Eis kaufen, sich an den Spielautomaten die Nacht um die Ohren schlagen und mir mit einem verschwörerischen Augenzwinkern im Vorbeigehen zuflüstern: „Sie sind durch!“

Italien, die Strecke von Ancona nach Ventimiglia, schaffen wir an einem Nachmittag.

Auf dem Parkplatz der ersten französischen Raststätte irgendwo zwischen Ventimiglia und Nizza stehen mit Planen abgedeckte Lieferwagen. Zwei Familienväter verrichten auf improvisierten Teppichen mit der Stirn am

Boden ihr Gebet, ehe sie sich auf die Weiterfahrt zu ihrem Ferienziel Marokko machen. Unsere Zulassungsplakette macht sie neugierig, und der eine spricht uns an:

„Sind Sie von dort?"

„Nein, wir sind auf dem Heimweg … Der Orient, das ist jetzt vorbei."

El Hamdulillah – Gott sei Dank, wir sind gesund und wohlbehalten.

Anhänge

Panorama der Ostkirchen

Die Trennung zwischen Konstantinopel und Rom im Jahr 1054 zog die Trennung des Orients vom Okzident nach sich, und seine Patriarchen, die bis dahin mit Rom vereint gewesen waren, schlossen sich der Position des ökumenischen Patriarchen von Konstantinopel an. Da sie Wert darauf legten, sich von den Irrlehren zu distanzieren, die sie stets abgelehnt hatten, wollten die Ostkirchen trotz ihrer Trennung von Rom nach wie vor als „orthodox", das heißt rechtgläubig, bezeichnet werden. Um den universalen Charakter seines Primats zu unterstreichen, nannte der Heilige Stuhl in Rom sich „katholisch". So kam es, daß ein Christ der vom Katholizismus abgespaltenen Ostkirche als „orthodox" bezeichnet wird.

Die maronitisch-syrische Kirche von Antiochien

An ihrem Anfang steht der 410 verstorbene Heilige und Anachoret Maron (oder Marun). Wir kennen ihn heute aufgrund eines Briefs, den der heilige Johannes Chrysostomos um das Jahr 406 an ihn geschrieben hat, und aus einer Biographie, die Theodoret von Cyrus etwa 440 im Rahmen seiner *Geschichte der Mönche Syriens* verfaßt hat. 518 wurde Severus, der Patriarch von Antiochien, seines Patriarchats enthoben, weil er die beiden Naturen in Christus leugnete und die Beschlüsse des Konzils von Chalcedon ablehnte. Er wurde durch einen katholischen Patriarchen namens Paulus ersetzt. Diese Ernennung stieß nicht bei allen Gläubigen auf Zustimmung. Die Kirche spaltete sich in Chalcedonier und Nicht-Chalcedonier.

702, nach dem Tod Georgs II., blieb der Sitz des Patriarchen von Antiochien bis 742 vakant. Unterdessen wählten die Mönche und die chalcedonischen Kleriker Johannes-Maron, einen ehemaligen Mönch des Sankt-Maron-Klosters und Bischof von Batrun im Libanon, zum Patriarchen. Erzürnt schickte Kaiser Justinian II. eine Armee, um seine Anhänger, die von da an Maroniten hießen, zu bestrafen und den neuen Patriarchen gefangennehmen zu lassen. Dieser zog sich in den Libanon zurück, wo er seine Kirche aufbaute, die seit dieser Zeit unabhängig ist und maronitische Kirche heißt.

Als die Umstände es erlaubten, knüpften die Maroniten Beziehungen zum Papst in Rom und zur abendländischen Christenheit. Der derzeitige Patriarch ist Seine Seligkeit Nasrallah Boutros Kardinal Sfeir.

Die griechisch-melkitische Kirche

Als „Melkiten" bezeichnet man sowohl die katholischen als auch die orthodoxen Christen des byzantinischen Ritus der Patriarchate von Alexandria, Antiochien und Jerusalem. Die Gläubigen dieser Patriarchate, die in ihrer Christologie am chalcedonischen Glauben des Kaisers *(Basileus = Malek)* festgehalten hatten, wurden von der anti-chalcedonischen Partei Melkiten genannt. Heute werden vor allem die Katholiken des byzantinischen Ritus arabischer Sprache unabhängig von ihrem Wohnort als „Melkiten" bezeichnet. Bis ins 17. Jahrhundert hinein waren das Griechische und das Syrische ihre liturgischen Sprachen. Inzwischen überwiegt neben einigen griechischen Elementen das Arabische in der Liturgie. Seine Seligkeit Ignatios IV. ist der orthodoxe Patriarch und residiert in Damaskus.

Der katholische Patriarch ist Seine Seligkeit Gregorios III. (Lutfi) Laham, dessen Sitz sich ebenfalls in Damaskus befindet. Die Melkiten leben mehrheitlich in

Syrien und im Libanon, wo sie nach den Maroniten die zweitgrößte christliche Gemeinschaft darstellen.

Die armenisch-katholische und die armenisch-orthodoxe (oder apostolische) Kirche

Der Überlieferung nach geht die Evangelisierung Armeniens auf die Apostel Bartholomäus und Thaddäus zurück. Doch der „Vater" der armenischen Kirche ist und bleibt der heilige Gregor der Erleuchter (260–326), der den König Trdat bekehrte. Die armenische Kirche erkennt die Konzilien von Nizäa und Ephesus, nicht jedoch das Konzil von Chalcedon an. In doktrineller Hinsicht ist sie im Grunde zwischen den Chalcedoniern und den Monophysiten angesiedelt, steht letzteren jedoch näher. Ihre Liturgie ist eine erweiterte Version der Jerusalemer Liturgie, ihre Sprache das klassische Armenisch. Das Mönchstum ist etabliert. Im Lauf ihrer bewegten Geschichte hat sie sich mit der Nation identifiziert, deren Zusammenhalt und Überlieferung sie aller Fremdbesatzung und Zerstreuung zum Trotz hat bewahren können. Die offizielle Abspaltung der armenischen Kirche im 6. Jahrhundert (infolge ihrer Ablehnung des Konzils von Chalcedon und ihrer Übernahme der monophysitischen Lehre) hat nicht verhindert, daß im Lauf der Jahrhunderte zahlreiche Bischöfe ihre Gemeinschaft mit der Weltkirche aufrechterhalten haben. Seit dem 11. Jahrhundert haben die Armenier sich gemeinsam mit den Kreuzfahrern um die Zurückeroberung der heiligen Stätten bemüht und sind mit der Kirche von Rom in Beziehung getreten. Diese Union hatte jedoch keine Zukunft.

Die armenisch-katholische Kirche entstand erst 1742 und wurde von Papst Benedikt XIV. anerkannt. Der Patriarch, Seine Seligkeit Nerses Bedros XIX. Tarmuni, residiert im Libanon; seine Gläubigen leben im Libanon, in Kilikien, Mesopotamien und Ägypten.

Heute gibt es ungefähr 150.000 armenisch-katholische und fünf Millionen armenisch-orthodoxe Christen; letztere sind in zwei Patriarchate aufgeteilt, das von Etschmiadsin, das das bedeutendere von beiden ist und dem Seine Heiligkeit Karekin, der Oberste Patriarch aller Armenier, vorsteht, und das von Antelias im Libanon mit Seiner Heiligkeit Aram, dem Katholikos von Kilikien, an der Spitze.

Katholische und orthodoxe Kopten

Die koptische Kirche oder Kirche vom Heiligen Stuhl von Alexandria wurde im Jahr 42 von dem heiligen Evangelisten Markus gegründet. Es handelt sich um eine prächalcedonische Kirche, deren derzeitiger Papst – Seine Heiligkeit Shenouda III. – durch ununterbrochene apostolische Sukzession der 117. Nachfolger ist. In Ägypten leben ungefähr zehn Millionen orthodoxe Kopten.

1741 ernannte Benedikt XIV. Athanasius, den koptischen Bischof von Jerusalem, zum Apostolischen Vikar für die Kopten von Ägypten. Seit diesem Zeitpunkt gab es Apostolische Vikare. 1895 stellte Papst Leo XIII. mit seinem Apostolischen Schreiben *Christi Domini* vom 26. November das Patriarchat von Alexandria wieder her. Seine Seligkeit Kyrillos Makarios wurde zum koptisch-katholischen Patriarchen von Alexandria ernannt und Ägypten in drei Diözesen aufgeteilt. Die Patriarchaldiözese wird von Patriarch Stephanos II. Andraos Kardinal Ghattas selbst verwaltet, der in Kairo residiert. Das koptisch-katholische Patriarchat von Alexandrien zählt etwa 210.000 Gläubige, die sich auf sechs Diözesen verteilen.

Die chaldäische oder assyrische Kirche

Diese Kirche ist eine der ältesten christlichen Gemeinschaften und besteht seit der Zeit der Apostel in Obermesopotamien. Seit dem 5. Jahrhundert folgt diese Kirche der Lehre des Nestorius, des Patriarchen von Antiochien, die auf dem Konzil von Ephesus verworfen wurde.

Die sogenannte chaldäische Kirche ist der katholische Zweig der nestorianischen Ostkirche, die das Konzil von Ephesus (431) abgelehnt hatte. Der 1551 gewählte Patriarch Johannes Simon Sulaka wurde von Rom als Patriarch der Chaldäer anerkannt. Doch die Union mit Rom sollte erst 1830 endgültig werden, als Papst Pius VIII. den Patriarchen Johannes Hormizd II. in seiner Funktion bestätigte und ihm den Titel des Patriarchen von Babylon der Chaldäer verlieh. Sitz des Patriarchats war Mosul; heute residiert Patriarch Emmanuel III. Karim Delly in Bagdad. Die Zahl der chaldäischen Christen wird weltweit auf 420.000 geschätzt. Im Irak stellen sie die Mehrheit der christlichen Gläubigen dar.

Die syrische Kirche

Hierbei handelt es sich um eine sehr alte antiochenische Kirche, deren Gläubige heute in der Türkei, dem Libanon, Syrien und der westlichen Welt verstreut sind. Diese Kirche bedient sich in ihrer Liturgie noch immer der syrischen Sprache. Der orthodoxe Patriarch Ignatius Zakka I. Iwas residiert in Damaskus.

Die Katholiken des syrischen Ritus sind ursprünglich Jakobiten, die seit dem 17. Jahrhundert mit Rom vereinigt sind, ihre Sprache, ihren Ritus und ihre eigene Kirchengesetzgebung jedoch beibehalten haben. Sie bilden eine eigene Kirche mit einer eigenen Hierarchie, die einem Patriarchen untersteht. Der derzeitige Patriarch ist Seine Seligkeit Ignace Joseph II. Younan. Er residiert in Beirut.

Derzeit gibt es weltweit etwa 150.000 syrisch-katholische Christen. Sie leben hauptsächlich im Irak (42.000) und in Syrien (26.000). 55.000 von ihnen leben in der Diaspora.

Die arabische Welt braucht die Christen!

Die arabische Welt leidet zur Zeit an einem schweren menschlichen, sozialen, kulturellen, politischen und wirtschaftlichen Blutfluß, der unter Umständen sehr gefährliche Folgen haben kann. Es handelt sich um die Emigration christlicher Araber, die die arabische Welt seit vielen Jahren kontinuierlich verlassen. Die Auswirkungen dieser Emigration werden schwer auf dem Schicksal der arabischen Welt lasten. Wenn die muslimischen und christlichen Araber nichts unternehmen, um diesen Blutfluß zu stoppen, besteht die Gefahr, daß der Region, was Wohlstand, Wirtschaft, Frieden und Stabilität betrifft, tiefgreifende Veränderungen bevorstehen.

Die christlichen Araber sind und bleiben gestern wie heute einer der tragenden Pfeiler des Gebäudes der arabischen Welt. (...)

Im Lauf des 19. und des 20. Jahrhunderts waren die arabischen Christen besonders aktiv an der Renaissance des Arabismus beteiligt. Sie haben ihm eine zivilisatorische Dimension verliehen und ihn für andere Kulturen geöffnet, die sich während der Zeit des arabischen Niedergangs entwickelt hatten. Auf diese Weise haben sie den Arabismus modernisiert. Die christlichen Araber waren und sind aufgrund ihrer kulturellen Vielfalt eine ständige kulturelle und gedankliche Herausforderung. Wenn sie die arabische Welt verlassen, wird diese Vielfalt einen herben Rückschlag erleiden.

Wenn wir die Gegenwart der Christen in der arabischen Welt beschwören, dann tun wir dies, weil wir wollen, daß sie bleiben. Ihre Präsenz ist ein Schutz vor der Entwicklung von Willkür und Extremismus und damit vor einer Gewalt, die zu historischen Katastrophen führt. (...) Die arabischen Christen sind ein Unterpfand für den Kontakt der arabischen Welt mit dem christlichen Abendland. (...)

Die arabischen Christen bereichern das Sozialgefüge, das das Fundament eines modernen arabischen Staates ist. Dafür zu sorgen, daß die Araber christlicher Konfession in der arabischen Welt bleiben können, heißt, sich endgültig gegen die Logik des Bürgerkriegs zu entscheiden, der 1840, 1860 und 1975 im Libanon getobt hat, derzeit im Sudan herrscht und auch Ägypten bedroht.

Man muß die christlichen Araber ermutigen, zu Hause zu bleiben, und damit dem Blutfluß ein Ende machen, der der arabischen Welt im wissenschaftlichen, kulturellen, philosophischen, kommerziellen, finanziellen und industriellen Bereich all ihre kreativen Kräfte zu rauben droht.

Talal Ben Abdel Aziz al-Saoud,
Mitglied der saudi-arabischen Königsfamilie,
An Nahar (Beirut), 29. Januar 2002

Bibliographie

Auque, Roger: *Otage à Beyrouth,* Filipacchi, 1986.

Courtois, Sébastien (de): *Les Derniers Araméens,* La Table Ronde, 2004.

Darlymple, William: *À l'ombre de Byzance,* Noir sur Blanc, 2004.

Galesne, Nathalie: *Syrie, éclats d'un mythe,* Actes Sud, 2001.

Heyberger, Bernard (Hg.): *Chrétiens du monde arabe: un archipel en terre d'Islam,* Autrement, 2003.

Dschubair, Ibn: *Voyages,* Demonbynes, 1949 (dt.: *Tagebuch eines Mekkapilgers,* Lenningen 2004).

Péroncel-Hugoz, Jean-Pierre: *Une croix sur le Liban,* Gallimard, 1985.

Roy, Jules: *Beyrouth, viva la muerte,* Grasset, 1984.

Seurat, Marie: *Les Corbeaux d'Alep,* Gallimard, 1988.

Sneifer Perri, Regina: *Guerres maronites,* 1975–1990, L'Harmattan, 2003.

Valognes, Jean-Pierre: *Vie et mort des chrétiens d'Orient,* Fayard, 1994.

Danksagung

Bei der Vorbereitung dieser Reise waren wir auf die Hilfe vieler Menschen angewiesen, die hier nicht vergessen werden sollen. Unser herzlichster Dank gilt:

Libanon
Georges Jamhouri für seine zahlreichen Ratschläge, Schwester Caroline al-Raïe, Schwester Annie, Georges Salloum für seine Kontakte, Chryssoula Fayad für die Musik, Mike Krikor Avazian (Südlibanon), Karl Fayad für das Auto, Isabelle Andignac für ihre Kontakte, Stéphane und Delphine Attali für alles!

Syrien
In Damaskus: Elie Achkar und seiner Familie, in Maalula: Pater Toufic Eid BS für seine Gastfreundschaft, in Mar Musa: Pater Paolo Dall'Oglio für seine Gastfreundschaft, in Wadi en-Nasara: Hazem Khoury, in Aleppo: Thaddée und Adeline de Slizewicz für ihre Gastfreundschaft, Bischof Antoine Audo, Pater Émile Assouad

Türkei
In Antiochien: Mehmet Türgüt, Schwester Barbara, in Istanbul: „Monsieur Mario" und Bénédicte Toussaint

Griechenland
Alain de La Brière für seine Karten

Und für die ganze Reise
All unseren „Gepäckträgern", Paul und Maguelone für ihre Geduld, unseren Eltern für ihr Vertrauen!

Susanne Sterzenbach

Die Weißen Väter

Mission in der Wüste

Seit 1868 sind die Weißen Väter als Missionsorden in Afrika tätig – zunächst im Maghreb, später auch in anderen Teilen des Schwarzen Kontinents. Die Fernsehjournalistin Susanne Sterzenbach zeigt in ihrem Buch faszinierende, bislang unveröffentlichte Fotos vom Beginn der Missionsarbeit der Weißen Väter und erzählt die spannende Geschichte der Afrikamissionare an der Wende vom 19. zum 20. Jahrhundert.

ISBN 978-3-86744-106-3
durchgehend bebildert
gebunden, 144 Seiten

SANKT ULRICH VERLAG